Repetición/Transformación

6 octubre/6 diciembre 1992

Museo Nacional Centro de Arte Reina Sofía

Consorcio para la Organización de Madrid Capital Europea de la Cultura 1992

Presidente del Consorcio Madrid 92
y Alcalde de Madrid
Jose María Alvarez del Manzano

Vicepresidente Primero del Consorcio
y Ministro de Cultura
Jordi Solé Tura

Vicepresidente Segundo del Consorcio
y Presidente de la Comunidad de Madrid
Joaquín Leguina Herranz

Director General del Consorcio Madrid 92
Pablo López de Osaba

Asesoría y Coordinación de Artes Plásticas
Aurora García

Comisario de la Exposición
Michael Tarantino

Coordinación de la Exposición
Alicia Chillida

Ayudante
Ana Rueda

l carácter profundo y entrañablemente abierto de la ciudad de Madrid tenía que verse reflejado también en los numerosos y diversos acontecimientos programados para la celebración de esta Villa como Capital Europea de la Cultura durante el presente año de 1992.

En este sentido, la exposición **Repetición/Transformación** supone un buen ejemplo de esa voluntad de apertura que ahora da cita en el Museo Nacional Centro de Arte Reina Sofía a una docena de artistas de prestigio internacional. Las pinturas de Tàpies, Warhol, Richter, Johns, Rauschenberg, Pistoletto, Agnes Martin, Mangold, Art & Language, Zaugg, McCollum y Levine se articulan en torno al asunto de la repetición y la transformación, de cómo la capacidad creativa del artista lleva a éste a que sus imágenes o sus motivos de investigación se desplieguen sin rupturas a lo largo de numerosas obras.

El Consorcio Madrid 92, que ya ha promovido otras exposiciones históricas y contemporáneas en lo que va de año, ha sido el motor de este proyecto cuyo Comisario es Michael Tarantino. Y sin el apoyo del Museo Nacional Centro de Arte Reina Sofía como entidad receptora, esta muestra hubiera resultado, sin duda, algo distinto, ya que la concepción de la misma se articuló desde el principio en torno a ese espacio concreto de características tan bellas y peculiares.

José Mª Alvarez del Manzano
Presidente del Consorcio Madrid 92
Alcalde de Madrid

Queremos expresar nuestro agradecimiento a todas las personas que, con su directo apoyo, han contribuido a la realización de esta exposición.

We would like to express our thanks to all those people whose direct support has contributed to the realization of this exhibition.

Brooke Alexander
Douglas Baxter
Jenny Blyth
Manuel Borja-Villel
Michele De Angelus
Tiffany Fliss
Victor Gisler
Kathy Halbreich
Bernd & Verena Klüser
Luigi Kurmann
María Pistoletto
Philippe André Rihoux
Dana Ruben
Bonnie Rubinstein
Sarah Taggart
Miquel Tàpies
Urs Raüsmuller
Angelika Thill
David White
Cornelia Wolf

Tampoco podemos olvidar la indispensable participación de los artistas y prestadores, muy especialmente la de aquéllos que, con su mediación personal, han hecho posible llevar este proyecto a buen término.

Neither we can forget the indispensable participation of the artists and lenders, especially those whose personal mediation has made it possible to carry out this project successfully.

El Consorcio Madrid 92 se complace en presentar la exposición internacional de pintura **Repetición/Transformación**, cuya organización, producción y realización se ha llevado a cabo desde esta Casa con el fin de aportar una fundamental idea aglutinante de un sector destacado del arte –no sólo contemporáneo– y una notable selección de artistas a la celebración de Madrid como Capital Europea de la Cultura.

La muestra se sitúa en torno al concepto de repetición de un motivo o de una visión determinada de la pintura que, con frecuencia, se materializa en obras de serie, lejos ya de la calidad que empieza y se agota en sí misma sin solución de continuidad. Se trata de la idea que se prolonga de un cuadro a otro bajo múltiples ramificaciones y elementos de unión. Es, entonces, un acto de representación plástica abierto a la aventura de transformaciones, de modo que la imagen concreta o abstracta que surgió al inicio está sujeta a mutaciones, como un ser vivo, como la propia génesis del pensamiento. Tal actitud ante el arte puede considerarse, igualmente, como un método de trabajo nada extraño a la época que vivimos, aunque también está presente en otros momentos de la historia y quizá sea consustancial al hecho mismo de la creatividad.

Los artistas incluidos en la exposición son doce, en coincidencia con el número de salas disponibles para la celebración de este acontecimiento en el Museo Nacional Centro de Arte Reina Sofía, cuya Directora, María de Corral, ha acogido con entusiasmo el proyecto. Por otra parte, el Comisario, Michael Tarantino, ha realizado una rigurosa selección de obras que arrancan de los años cincuenta y abren un abanico de significativos ejemplos que llega hasta ahora mismo.

Concluimos estas palabras de presentación con el agradecimiento más sincero a cuantas personas han contribuido en esta empresa de interés internacional prestando su valioso apoyo. De nuestro lado, nos cabe la satisfacción de avalarla, así como de haber podido contar con esos extraordinarios espacios en el primer Museo Nacional de Arte Contemporáneo del país.

Pablo López de Osaba
Director General del Consorcio Madrid 92

El **Consorcio para la Organización de Madrid, Capital Europea de la Cultura 1992**, desea hacer una especial mención de reconocimiento a la generosa recepción que, con respecto a la Muestra, han llevado a cabo el **Ministerio de Cultura** y el **Museo Nacional Centro de Arte Reina Sofía**. De esta segunda Institución, el Consorcio Madrid 92 quiere destacar la valiosa colaboración de su Directora, María de Corral, así como la de Marta González Orbegozo, Conservadora-Jefe del Departamento de Exposiciones, y la de Paloma Esteban, Conservadora-Jefe de las Colecciones. También tiene que subrayar la buena disposición para este fin tanto del Real Patronato, como del Gabinete de Prensa del Museo Nacional Centro de Arte Reina Sofía.

El Museo Nacional Centro de Arte Reina Sofía ha querido participar en la Capitalidad Europea de la Cultura que Madrid ostenta en este año 1992, desarrollando un importante programa de exposiciones, en el que ha mostrado diferentes aspectos del arte y distintas formas de aproximarse a la creación artística del siglo XX. Así, ha presentado muestras temáticas como *La Suiza Visionaria* o el *Arte Pop*, artistas de las vanguardias como *Popova* o *Clyfford Still*, españoles como *Millares*, *Carmen Laffón* o *Antonio López*, jóvenes creadores como *Robert Gober, Peter Halley* o *Rosemarie Trockel*.

En esta ocasión tiene el gusto de acoger en sus salas una magnífica exposición organizada por el Consorcio Madrid 92 que completa espléndidamente nuestro proyecto para este año lleno de acontecimientos.

La muestra **Repetición/Transformación** presenta, a través de series, el trabajo de doce artistas que no constituyen un grupo, ni una generación, y que al reunirlos se muestran algunos de los caminos más vitales de la pintura contemporánea.

El Museo Nacional Centro de Arte Reina Sofía desea felicitar a Aurora García, Coordinadora de Artes Plásticas del Consorcio, y a Michael Tarantino, Comisario de la exposición, por la feliz iniciativa que ahora presentamos. Así como expresar su agradecimiento a Pablo López de Osaba, Director del Consorcio Madrid 92, por el apoyo y la colaboración que ha prestado a todas nuestras actividades.

María de Corral
Directora del Museo Nacional Centro de Arte Reina Sofía

Lista de prestadores

Lenders to the exhibition

Plácido Arango, Madrid.

Romilda Bollati, Milán.

Ralph y Helyn Goldenberg, Chicago.

Club Groeninge, Brujas.

Anton Herbert, Gante.

Lieve Hermant, Brujas.

Jasper Johns, Nueva York.

Sherrie Levine, Nueva York.

Claude Noterdame, Bruselas.

Michelangelo Pistoletto, Turín.

Robert Rauschenberg, Nueva York.

Philippe-André Rihoux, Bruselas.

Rodolphe Stadler, París.

Brooke Alexander Gallery, Nueva York.

Leo Castelli Gallery, Nueva York.

Galerie Bernd Klüser, Munich.

Lisson Gallery, Londres.

MAI 36 Galerie, Lucerna.

Galerie Meert Rihoux, Bruselas.

The Pace Gallery, Nueva York.

Galeria Giorgio Persano, Turín.

John Weber Gallery, Nueva York.

Crex Collection, Hallen für neue Kunst, Schaffhausen, Suiza.

The Elie and Edythe L. Broad Foundation, Santa Mónica, California.

Fundació Antoni Tàpies, Barcelona.

Instituto Valenciano de Arte Moderno, Centro Julio González, Valencia.

Museu Nacional d'Art de Catalunya (Museu d'Art Modern), Barcelona.

Museo Nacional Centro de Arte Reina Sofía, Madrid.

Y todos aquellos que han preferido guardar el anonimato.

And all those who had prefered to remain anonymous.

Indice

En busca de la repetición perdida

Al abandonar la tradicional ilusión de representación, el lenguaje artístico contemporáneo se desenvuelve en una dinámica de repeticiones y diferencias, ya que, como escribió Gilles Deleuze, **"la diferencia y la repetición han tomado el lugar de lo idéntico y lo negativo, de la identidad y la contradicción. Pues la diferencia no implica lo negativo, ni se deja tampoco llevar hasta el extremo de la contradicción, salvo en la medida en que se continúe sometiéndolo a lo idéntico. El primado de la identidad, como quiera que ésta se conciba, define el mundo de la representación. Pero el pensamiento moderno nace del fracaso de la representación, a la vez que de la pérdida de las identidades, y del descubrimiento de todas las fuerzas que actúan bajo la representación de lo idéntico. El mundo moderno es el mundo de los simulacros".**

El texto citado de Deleuze pertenece a su célebre ensayo *Diferencia y repetición*, donde abundan los ejemplos artísticos, algo que es bastante corriente en la mayor parte del pensamiento contemporáneo y, de manera especial, en el francés más reciente, influido por el estructuralismo. En realidad, desde cualquier escuela o método de nuestra moderna sociedad secularizada, la concepción del arte como un lenguaje autónomo ha permitido una práctica y una lectura crítica de naturaleza formalista. En este sentido, la nueva clasificación de las artes llevada a cabo por Lessing en su *Laoconte* diferenciándolas como artes del espacio y del tiempo, haciendo abstracción completa de su contenido, es la manifestación precoz de lo que posteriormente habría de convertirse en norma general.

En realidad, casi toda la estética contemporánea más relevante ha insistido en esa vía formalista en pos de la creación de una nueva ciencia del arte, desde los teóricos de fines del pasado siglo –Fiedler, Hildebrandt, Wölfflin, etc.– hasta los representantes del formalismo eslavo, de la llamada estética de la información, la crítica norteamericana de posguerra, los estructuralistas, etc. Los enunciados teóricos de los mismos artistas de vanguardia insisten de una u otra manera en esta misma vía –desde Seurat a Mondrian, Klee...– y, de hecho, la práctica totalidad de los movimientos posteriores de las vanguardias surgidas tras la segunda guerra mundial, salvo, en parte, la del expresionismo abstracto.

Lo que con estos datos sueltos trato simplemente de evocar es que el concepto de serie, basado en una dinámica de repeticiones y diferencias, es consustancial al lenguaje artístico contemporáneo, que reacciona frente a la idea artística occidental de la representación, que exigía ordenar el espacio en función de un centro ideal, codificado en el sistema de representación de la perspectiva y objetivado ejemplarmente en el cuadro como un microcosmos perfecto.

Así pues, es lógico que la repetición se convierta en un sistema de significación artística característico del arte contemporáneo desde el mismo momento en que se disuelve el sistema de representación perspectivista heredado del Renacimiento, lo que se manifiesta ya con rotunda claridad a partir del llamado arte posimpresionista y, en especial, a partir de la obra de Georges Seurat.

Pero volviendo sobre el revolucionario sistema de clasificación de las artes planteado por Lessing, el cual, como es sabido, las diferenció como **artes del espacio y del tiempo**, iniciando con ello la senda moderna del formalismo y, por tanto, abriendo el análisis crítico a la discriminación de lo serial y de la repetición –**las artes espaciales ordenaban la yuxtaposición de cuerpos y las temporales la sucesión de momentos: la serie de cuerpos repetidos y la serie de acciones repetidas**–, podemos apreciar que en él todavía las categorías de espacio y tiempo eran tratadas como entes metafísicos, como absolutos pre-existentes. Por tanto, restaba dar el paso definitivo para entrar verdaderamente en la modernidad crítica: concebir estas categorías como formas de la representación. De esta manera, la repetición no altera jamás al objeto sino al contemplador: no es algo que afecta a la realidad, sino a nuestra relación con ella; más aun: percibimos la repetición en el espacio gracias al tiempo.

La repetición es consustancial al arte moderno, porque finalmente la modernización del arte no es sino su temporalización. Siguiendo por esta vía de explicaciones necesariamente simplificadoras, podríamos añadir a este respecto que la concepción clásica del arte es esencialmente espacial o intemporal, mientras que la revolución del arte contemporáneo radica precisamente en esa temporalización del mismo, o, si se quiere, esa contracción imaginativa a través de la cual una realidad es vivida en tensión de expectativa como un orden de sucesiones o acontecimientos. Y en este sentido de fundación de lo real que nos caracteriza como modernos, el arte adquiere un valor simbólico ejemplar.

Por lo demás, el hecho de que la representación de la luz, el reloj de la naturaleza, haya sido el hilo conductor de la modernidad en el arte moderno desde Caravaggio en adelante y que haya alcanzado su plenitud en el cinematógrafo, el desglose infinitesimal de imágenes luminosamente impresas que crean la ilusión de la realidad gracias a la animación o el movimiento; esto es: que se cree un efecto de realidad viva y, por tanto, cambiante o diferenciada gracias precisamente a la vertiginosa sucesión de series repetidas, todo ello, efectivamente, resulta significativo.

Pintar sobre el motivo, tal y como lo entendió el genuino representante del impresionismo, Monet, abocó en una seriación: almiares o catedrales idénticos que se diferencian gracias a la repetición iluminadora. La luz permite sucesos infinitos, pero asimismo la fragmentación atómica de las percepciones, miles de puntos que se agitan en una extraña sensación de inmovilidad corporal.

No obstante, frente al sistema clásico de representación que no permitía otra diferencia que la sometida a los principios de identidad, oposición, analogía y semejanza, el pensamiento y el arte contemporáneos han planteado lo que Deleuze denomina **el mundo de los simulacros**. **El simulacro es el sistema** –afirma literalmente Deleuze– **donde lo diferente se relaciona con lo diferente mediante la diferencia como tal; reposan en profundidad sobre la naturaleza de las cantidades intensivas, que entran precisamente en comunicación mediante sus diferencias...** El sistema del simulacro afirma la divergencia y el descentramiento; la única unidad, la única convergencia de todas las series es un caso informal que las comprende a todas. Ninguna serie goza de ningún privilegio sobre las otras, ninguna posee la identidad de un modelo, ninguna la semejanza de una copia. Ninguna se opone a la otra, ni le es análoga. Cada una está constituida por diferencias y comunica con las otras mediante diferencias de diferencias. Las anarquías coronadas sustituyen a las jerarquías de la representación; las distribuciones nómadas, a las distribuciones sedentarias de la representación.

Parodiando los títulos de dos célebres ensayos sobre las transformaciones modernas del arte, los que respectivamente escribieron Abrams y Arnheim, podríamos decir, en un caso, que, en efecto, el espejo se ha cambiado por la lámpara y, en el otro, que el centro ha perdido todo su poder. Divergente y descentrado, el arte contemporáneo no nos deja otro espacio para la experiencia que el de la intensidad profunda, el de la iluminación.

El problema candente que nos plantea el extraviado o extravagante arte moderno ha de ser forzosamente el de saber cuándo una repetición es capaz de transformarnos o, si se quiere, cuándo una serie divergente se funda en la intensidad y, por tanto, nos ilumina, adquiriendo de inmediato el rango de artística. La respuesta a esta incógnita no puede ser formularia, porque es necesariamente imprevisible, y, aunque aleatoria, tampoco puede quedarse en simplemente arbitraria.

Probablemente la respuesta a este interrogante no se halle sino a través de una nueva *mise en scène* de la obra o, en este caso, de la obra como repetición-transformación, por utilizar el mismo título que ha elegido Michael Tarantino, comisario de la muestra a la que acompaña este texto. No me corresponde a mí explicar las razones, los artistas o las obras con que Tarantino ha trabajado para este proyecto, pero no quisiera dejar de resaltar, al hilo de lo que estaba antes diciendo, que, dentro de esa constante repetitiva que es consustancial a todo el arte contemporáneo, posee particular importancia significativa el modelo de repetición que se ha producido a partir de aproximadamente la década de los 60, cuando sucesivamente se produce una objetualización de lo pictórico, de la imagen y de la identidad-concepto del arte hasta arribar a un arte sin "atributos", al perfecto simulacro de lo real. Desde el punto de vista formalista, podría llamarse a dicho arte, tal y como lo hizo Rosalind Krauss, **"una sintaxis del doble negativo"**, pero de esta forma o en el puro vértigo de la ironía, ese agujero negro de la modernidad, se ha de producir cada vez, gracias a lo intensivo, esa toma de conciencia del lenguaie que dobla la realidad sin imitarla, transformando nuestra percepción, nuestra conciencia y, en fin, nuestra experiencia.

Esta escenificación transformadora de la repetición artística nos abre a lo indecible, como acaece siempre con el amor, a través del cual continuamente somos confrontados con mundos posibles gracias a ese medio soberano que es el lenguaje. **"Es ese papel del lenguaje en función de los valores implícitos o de los centros de envolvimiento** –escribe Deleuze–, **el que lo dota de poder en los sistemas de resonancia interna. La estructura del otro y la función correspondiente del lenguaje representan, en efecto, la manifestación del noúmeno, el ascenso de los valores expresivos, la tendencia a la interiorización de la diferencia, en última instancia".**

Francisco Calvo Serraller

La realidad se desdobla

La visión particular de una imagen, o de un objeto cualquiera, o de una determinada hora del día bañada por la luz característica que sea, nunca constituye un fenómeno de lectura unívoca e intransferible, sino todo lo contrario. La realidad presenta aspectos que no se agotan en un solo acto perceptivo y que se integran en otras realidades difíciles de deslindar con nitidez. La realidad que suele percibir el creador es una suerte de red hecha de posibilidades que se entrecruzan, un tejido complejo y múltiple en el cual se puede bucear una y otra vez sin llegar a extraer jamás todas sus fuerzas energéticas. Italo Calvino, que consideraba la novela como una gran red, rechazaba, por otra parte, las objeciones sobre el riesgo que esta concepción podría entrañar de alejamiento del "unicum" de quien escribe, y a ello contestaba: **"¿qué somos, qué es cada uno de nosotros sino una combinatoria de experiencias, de informaciones, de lecturas, de imaginaciones? Cada vida es una enciclopedia, una biblioteca, un muestrario de estilos donde todo se puede mezclar continuamente y reordenar de todas las formas posibles"** (*Seis propuestas para el próximo milenio*).

La realidad que suele respirar el artista contemporáneo, liberado ya de cánones y de preceptos, no resulta otra cosa que una compleja urdimbre de la que va entresacando hilos con los cuales alcanza a construir esa otra realidad que es la obra de arte. Pero, más allá de la tradicional dicotomía entre naturaleza y artificio, nos inclinamos a considerar estos dos géneros de existencia como las caras de una misma moneda. En este sentido, cualquier percepción de la realidad pasa forzosamente por el filtro del espíritu del creador y adquiere forma plástica en calidad de apariencia, no como reflejo fiel y unívoco de algo que existe fuera del artista. Y es que quizá la vida sea fundamentalmente eso: un conjunto enorme de apariencias en las que penetrar una y otra vez descubriendo en cada momento nuevos perfiles.

Una de las características más reveladoras del arte producido especialmente en la segunda mitad del presente siglo consiste en el empeño por incorporar la noción de tiempo activo a un espacio que secularmente había estado a salvo de las relaciones dinámicas temporales y del conjunto de transformaciones que llevan consigo. La condición "viva" del cinematógrafo, por ejemplo, creaba, por medio de la sucesión de imágenes en torno a un asunto concreto, un **"espacio-significación"** (como lo llamara Mukarovsky) que no coincidía ni con el espacio real ni con el espacio ilusorio. Este espacio desdoblado en elementos significantes se corresponde con un tiempo no sólo capaz de representar sucesivamente acciones simultáneas, sino también de dar marcha atrás y remontarse a momentos anteriores.

A este respecto, no podemos ocultar que un buen número de obras de arte contemporáneas tiende a situarse en ese nivel de espacio-significación próximo al lenguaje, donde lo pertinente reside en el conjunto de relaciones que generan los diversos componentes de una misma idea, poniendo siempre de manifiesto el desdoblamiento de la serie, la noción de secuencia, o bien el número plural a la hora de abordar un asunto, en la conciencia de que la realidad es polimorfa y se debe intentar aprehenderla desde múltiples flancos. La suma de todas estas perspectivas quizá introduzca al arte en un mundo más próximo al que respiramos, también hecho de fragmentos y de incoherencias.

La repetición de un asunto concreto o abstracto en el arte nunca genera imágenes iguales, sólo la copia puede dar lugar a lo idéntico, pero la repetición implica normalmente la transformación, ya que las actuaciones que no corresponden exactamente al mismo tiempo –al primer tiempo– que las engendró, acaban difiriendo en algo. En este sentido, se ha dicho de algunos artistas que, prácticamente, han realizado la misma obra durante toda su vida. Y está claro que esto sólo sirve para el fondo del asunto, es decir, para afirmar que el empeño de estos artistas no es otro que el de circunscribirse a algo determinado a lo largo de su existencia, pero ese algo puede tener connotaciones muy amplias, incluso constituir toda una visión del mundo. Recordemos a Rothko: en los últimos años de la década de los cuarenta, se irá alejando cada vez más de los perfiles de los objetos y de las cosas, para adentrarse definitivamente en un ilusionismo espacial lleno de espiritualidad que llega a constituir un peculiar microcosmos.

La multiplicidad de elementos que componen el lenguaje debe seguir un orden lógico que mantenga la estructura significativa. En el arte, y en la pintura en concreto, ese orden de presentación puede o no estar, porque el sistema al que responde el artista se caracteriza por su extraordinaria flexibilidad, y es factible incluso llevar a cabo una presentación alterada de cuadros que corresponden a una misma idea, estableciendo así unas relaciones libres entre ellos y quizás mayor ambigüedad. De otro lado, la diferencia del arte con la literatura o la palabra escrita radica en que, siguiendo a Barthes, el escritor, al igual que el "bricoleur", **"sólo ve el sentido de las unidades inertes que tiene ante sí relacionándolas"**, mientras que el artista cuenta con la potestad de mostrar su obra al margen de esas relaciones necesarias para la literatura. Queremos decir con esto que cada pintura, cuando no ha sido concebida en la estricta secuencia de la serie, o con el propósito de conformar un grupo determinado que dé lugar a una sola obra, tiene la potestad de presentarse como un organismo autosuficiente, a pesar de que en él se observen aspectos caóticos y fragmentaciones varias.

En cualquier caso, se trata de otro tipo de relaciones diferentes a las que mantiene la escritura. El artista sabe muy bien que, como apuntara Arnheim en *El Pensamiento Visual*, **"ver significa ver en relación; y las relaciones que de hecho se encuentran en lo que se percibe no son simples"**. Tampoco lo son las que se dan en lo que se quiere plasmar o transmitir a través del arte. Pero el artista tiene el privilegio de elegir entre aproximarse a ciertos códigos convencionales que funcionan en otras áreas de la comunicación, o apartarse enteramente de ellos para elaborar su propio lenguaje, un lenguaje personal e intransferible. Agnes Martin decía en 1989 que **"Se tiene la inclinación a pensar que el intelecto es el origen de todo lo que se fabrica o se hace. Se tiene la tendencia a pensar que todo lo que existe puede ser expresado con palabras... La realidad es que nuestra vida emotiva domina nuestra vida intelectual sin que nos demos cuenta de ello"**. Una de las funciones más importantes del arte consistiría, por tanto, en desvelar esos componentes emotivos tan difíciles de expresar por otros procedimientos de comunicación, unos componentes que forman una urdimbre donde afloran también elementos del subconsciente y que muchas veces no pueden transmitirse ateniéndose a reglas lógicas y convencionales.

El verdadero artista crea, pues, sus propias reglas de juego, que bien pueden no coincidir con las comúnmente admitidas. Ese es el gran desafío. Y, entonces, no resulta extraño que cada lenguaje plástico individual gire en torno a sí mismo siguiendo lo que en esta exposición entendemos por **Repetición/Transformación**: la continuidad de una obra en otras obras, el poner de manifiesto que una idea no se agota en una única pieza, sino que puede seguir una génesis paralela a la de la vida, dando paso a metamorfosis, a transformaciones a partir de algo concreto, sin incurrir en la repetición literal que, como anotábamos anteriormente, sólo se produce en el ámbito de la copia.

Habría que añadir que la obra de arte contemporánea, en términos generales, se ha despojado de la pesada carga simbólica de filiación religiosa que ponía el acento en lo paradigmático y ejemplar, dando lugar a visiones cerradas del mundo, incuestionables, y soslayando, por lo tanto, los aspectos individuales que correspondían a la personalidad del artista como creador, a su propio universo, quizás lleno de contradicciones, tumultos y visiones fragmentarias. En el arte de este siglo, por el contrario, se ha ido reivindicando cada vez más el proceso creativo, los aspectos parciales sobre la totalidad, lo incompleto sobre lo completo. Ya lo observaba Nietzsche en su *Humano, demasiado humano*: **"Lo completo produce un efecto de debilitamiento"**. Por eso, el filósofo prefería la expresión incompleta de un pensamiento mediante aforismos, mediante asertos breves y con frecuencia entrecortados a los que volvía una y otra vez con matices distintos.

En la exposición Repetición/Transformación vemos cómo el artista, los artistas en ella reunidos siguen un proceder en parte paralelo al que acabamos de mencionar. En vez de agotar todos sus recursos sobre un asunto concreto en un solo cuadro –algo, por otra parte, muy discutible de poder llevar a cabo–, prefieren poner de relieve cómo la creación sigue un proceso paulatino, un crescendo hecho de fragmentos, de partes que probablemente nunca van a desembocar en el todo absoluto, porque esa totalidad permanece siempre abierta a nuevos añadidos, a otras visiones complementarias, en la medida en que el descubrimiento de un aspecto genera otra posibilidad, y así sucesivamente. Sólo el artista, que no las posibilidades objetivas, decide cuándo y cómo su obra finaliza, hasta dónde llega exactamente, cómo se pone punto final a una serie o a un conjunto de cuadros de marcadas concomitancias.

Los doce pintores que concurren a Repetición/Transformación suponen actitudes diferentes ante este problema que estamos tratando y que alcanza grandes dimensiones en la producción del arte contemporáneo. No se trata tanto de insistir una y otra vez en un asunto que, ya desde el primer momento, tenía perfiles bastante delimitados, como en la historia hicieran artistas de la categoría de Tiziano y, por ejemplo, sus múltiples versiones de Venus. Lo que esta exposición presenta, con obras desde la segunda mitad de los años cincuenta de este siglo hasta ahora mismo, es algo diverso. Sin ir más lejos, los cuadros de Jasper Johns se sitúan en un discurso sobre la pintura que, en la madurez del creador, convoca pasado y presente en un procedimiento de aglutinación de fragmentos que entran en el terreno de la autorreferencia, de la reflexión sobre el propio trabajo del pintor y la función de la mirada, sin olvidar la presencia del tiempo que además nos viene dada por la imagen del reloj. Tàpies, por otro lado, está representado aquí con cuadros matéricos ejecutados entre 1955 y 1962, todos ellos dotados de algún signo, como la cruz, el aspa u otras variantes, que no se agotan en este reducido número de piezas, sino que constituyen un "leit motiv" del conjunto de la obra del artista. Son signos que van más allá de la mera escritura y que conllevan notas cosmogónicas en clave ambigua y extraordinariamente abierta. Algo semejante podríamos decir de Agnes Martin, a pesar de las enormes diferencias entre ella y Tàpies. Y es que la obra de Martin entraña también una visión del universo muy subjetivada, solo que reducida a líneas rectas, a campos de color uniformes, a la ausencia de imágenes y la economía de la materia. La pintura de Agnes Martin tiene algo que ver con la música y con una actitud espiritual que ha sufrido un acusado proceso de depuración.

Andy Warhol y Gerhard Richter parten de la utilización de la fotografía, pero los métodos y los logros difieren notablemente de uno a otro. Los collages de la serie *Lenin*, de Warhol, apuntan variaciones de color a partir de la misma imagen, esa imagen frontal del tratadista soviético con el brazo izquierdo apoyado sobre un libro. Se trata de una figura de renombre internacional cuya efigie ha sido sometida a distintos tratamientos químicos hasta conseguir, sólo mediante cambios cromáticos de laboratorio y la intervención del collage, una visión polifacética inusitada. Richter, en cambio, ha escogido como punto de partida un asunto trágico en torno a unas enfermeras. Su fuente de información, así como el punto de partida material de su trabajo, ha sido la prensa, lo publicado en los periódicos que, asimismo, dará después lugar a obras tan sobrecogedoras, construidas también a partir de las fotos, como *18 de octubre/1977*. Pero, a diferencia de *Lenin*, las enfermeras tenían un carácter anónimo; no son ciudadanos ilustres. Se trata de una serie de óleos pintados con detalle basados en las fotografías correspondientes en blanco y negro, aunque luego sus rasgos se han hecho borrosos en virtud de esa práctica usual en Richter que consiste en desdibujar lo que inicialmente era una imagen precisa.

Los autorretratos de Pistoletto poseen una especial relevancia dentro del contexto general de su obra, porque de ellos nacerá la compleja y extensa labor con los espejos. En 1983 nosotros escribíamos que **"los autorretratos iniciales eran tan sólo un pretexto, un vehículo para, a través del conocimiento del yo, entablar el conocimiento con los demás, el diálogo con los otros que se convertiría, igualmente, en materia creativa..."**. Utilizando una calidad brillante y homogénea como fondo del cuadro, el artista comprobó que su imagen real se reflejaba en ella, al margen de la figura directamente pintada en el cuadro. De este modo Pistoletto se introdujo en un ilusionismo espacial que incorporaba una nueva dimensión, profunda y reflectante a la vez, a la pintura y que cultivará continuamente en esos soportes de acero pulido con fotografías serigrafiadas.

Los cuadros de Art & Languaje titulados *Incidente en un Museo* hablan por sí mismos de otra suerte de ilusionismo: el que corresponde a la ubicación del arte en los centros de exposición. Se presentan como cuadros dentro del cuadro que incitan a una reflexión sobre el espacio, a considerar las relaciones entre continente y contenido. Pero, mientras Art & Languaje parecen llevar adelante un discurso sobre las propiedades singulares de la obra de arte, Allan McCollum presenta con sus *Sustitutos* una tónica de uniformidad sólo alterada por los formatos diversos de los cuadros.

Estos *Sustitutos* de fondo negro nos llevan a preguntarnos por los originales auténticos, por la ausencia y el valor de una multitud de imágenes que no hemos llegado a conocer o que quizás están alojadas en nuestra memoria. Se trata de un metalenguaje en clave de máxima economía –a pesar de la proliferación de formatos– sobre el papel desempeñado por la pintura. Y en términos metalingüísticos, también, situaríamos la obra de Sherrie Levine, que, en este caso concreto, lleva a cabo un discurso sobre el trabajo de Yves Klein en sus monócromos. Estos *Deshacer: Después de Yves Klein*, forman una serie de 1991 basada, como otros trabajos de la artista, en la idea de la apropiación, solo que Levine se vale de medios variados para reestudiar la significación de algunos artistas relevantes del arte contemporáneo.

De 1991 son, igualmente, las *Sombras Nocturnas* de Robert Rauschenberg. Estos cuadros realizados sobre soporte de aluminio y con pintura acrílica están acabados con trazos gestuales en diversas direcciones que contribuyen a acusar más el medio heteróclito del que proceden las imágenes. Parecen visiones en claroscuro que entroncan tanto con el mundo del deseo, como con el de la pesadilla. Frente a la actitud ordenada y racional de McCollum y Levine, aquí entramos en una esfera caótica que enlaza con el subconsciente, pero estas sombras poseen una energía y un dinamismo inusitados que nos hablan de un sinnúmero de aspectos de la vida actual.

Las obras *Elipses* de Robert Mangold incluidas en la exposición tratan de la irregularidad en la regularidad, se sitúan en un plano de claras referencias geométricas donde probablemente lo que más interese al artista sea la representación de lo que se encuentra en el límite, del momento que antecede a la transgresión. Las elipses componen un núcleo que parece refrenar los ángulos de diversa naturaleza que componen los soportes, acentuando esa sensación de fuga el entrecruzado de color que se dispara hacia los bordes.

Y, para terminar con estas breves observaciones acerca de las obras que se dan cita en la exposición Repetición/Transformación, vamos a referirnos por un instante al trabajo que ocupa, prácticamente, la vida artística de Rémy Zaugg y que lleva por título *Una hoja de papel*. Como Reiner Borgemeister escribe en el catálogo de Berlín y Amberes de 1990, Rémy Zaugg ha llegado a hablar a propósito de estas obras de una **"novela"** sobre la historia de la pintura moderna. Es un trabajo, según Borgemeister, de **"sistematización"** que está dividido en numerosos capítulos. Un quehacer de índole conceptual donde está presente también el placer estético de la pintura, en una refinada combinación, que hace de la escritura un elemento básico. La memoria y el texto sustituyen a la imagen, aunque ello nos transporte, por ejemplo, a *La maison du pendu*, de Cézanne.

Aurora García

Repetición/Transformación

"Podría decirse que Ingres fue en cierto modo un traficante de copias, ya que en lo esencial se dedicó a realizar versión tras versión un mismo cuadro. Uno de los críticos más acérrimos que tuvo Ingres, Théophile Silvestre, llegó a mofarse de esta práctica diciendo que 'Monsieur Ingres se ha pasado la vida entera repitiendo, por una parte, las mismas formas y combinando, por otra, no sin insidia, los tipos tradicionales de más fama con los modelos vivos que ha tenido a su alcance'. Y el propio Ingres, con evidente narcisismo y a la defensiva, como estuvo siempre, terminó por reconocer que, 'tal vez, reproduzco mis propias composiciones con demasiada frecuencia' ". [1]

"La repetición dota a la experiencia de una realidad física. Repetir, probar de nuevo, seguir intentándolo una y otra vez, en pos de la perfección". [2]

En *La arqueología del saber*, de Michel Foucault, leemos lo siguiente: **"La historia hoy organiza el documento, lo divide, lo distribuye, lo ordena, lo dispone en determinados niveles, discierne entre lo que es relevante y lo que no lo es, descubre las líneas de unidad, describe las relaciones".** [3] Lo que Foucault establece aquí es un inventario del saber, un catálogo de enfoques que pueden adoptarse con objeto de conocer un tema en particular. Lo más habitual es que el camino hacia dicho saber recorra los procesos de la repetición, el establecimiento de un sistema.

La exposición "Repetición/Transformación" se propone explorar el desarrollo de estos sistemas en tanto en cuanto son aplicables al acto de pintar. En ella están representados doce artistas a través de una selección de obras que, o bien conforman propiamente una serie, o bien se aglutinan en virtud de un determinado enfoque formal o temático. Tanto si las obras de cada una de las series se aglutinan unitariamente debido al tema que tratan –*Ocho estudiantes de enfermería* (Acht Lernschwersten) de Gerhard Richter, la serie *Lenin* de Andy Warhol– o según las estrategias formales que despliegan –la utilización de la línea horizontal en Agnes Martin o las *Elipses* (Ellipses) de Robert Mangold– o en función del énfasis que se pone en el proceso mismo de la pintura –*Una hoja de papel* (A Sheet of Paper) de Rémy Zaugg, *Deshacer* (Melt Down) de Sherrie Levine–, cada uno de los cuadros, tanto individualmente como formando parte de una serie mayor, puede contemplarse dentro de un contexto mediante el cual el artista refina, desarrolla y articula sus preocupaciones por la repetición y la multiplicación en tanto parte integral de una progresión global hacia un sistema.

(1) Rosalind Krauss: "Originality as Repetition", en *October*, 37, verano de 1986, pp. 36-37. Las citas de Silvestre y de Ingres están tomadas de *Ingres in Pursuit of Perfection*, de Patricia Condon, J.B. Speed Art Museum, Louisville, Kentucky, 1983.

(2) Louise Bourgeois: "I Am a Woman With No Secrets: Statements by Louise Bourgeois", en *Parkett*, 27, 1991, p. 44.

(3) Michel Foucault: *The Archaeology of Knowledge*, traducción al inglés de A.M. Sheridan Smith, Pantheon Books, Nueva York, 1972.

Así, en los retratos de Lenin realizados por Warhol, la filtración de los efectos de color produce sutiles cambios de carácter que reflejan como un espejo las fluctuaciones de la historia. En *Una hoja de papel*, de Zaugg, los constantes intentos de descripción pictórica desembocan en una serie de cuadros que pueden verse como algo tan obsesivo como acusadamente directo. A lo largo de las series individuales, desde la insistencia en el motivo de la cruz llevado a cabo por Tàpies en un grupo de obras que data de 1955-1962, hasta las recientes obras de Jasper Johns, en las que los efectos de composición inician una serie de variaciones sobre el marco doble, la relación paradójica entre similitud y cambio es lo que permite que el proceso de transformación sea representado.

Claro está que la exposición no constituye un repaso exhaustivo de la naturaleza de la repetición, ni quiere ser tampoco un intento por aislar la práctica de doce artistas que de una u otra forma sean más representativos que otros en lo tocante a esta actividad. Por el contrario, se trata de una tentativa para examinar la noción paradójica de la repetición, en el acto en que se revierte a sí misma al plantear una especie de síntesis entre similitud y diferencia. A través de una investigación de las series en particular y también de los diversos tipos de enfoques que se dan en cada una de ellas, es posible, por ejemplo, calibrar el espacio existente entre el deseo de Warhol por convertirse en una máquina objetiva y los cuadros subjetivos de Pistoletto, que le llevarán a los múltiples enfoques del espejo. La repetición es expansión y reducción.

De hecho, ninguna exposición sobre la repetición podría considerarse “completa”, ni en lo tocante a la pintura ni en lo que respecta a cualquier otra actividad; así, los cuadros sobre el tiempo de On Kawara, el estilo narrativo de Borges o de Calvino, los estilos musicales que van desde los trances de la música popular hasta el tecno-pop, la forma circular que adoptan la mayor parte de las películas narrativas, etc. La repetición (y la transformación que la acompaña) es tal vez el instrumento de mayor importancia estructural en todos estos ejemplos de representación. Con objeto de construir una exposición en torno a este fenómeno, es preciso actuar de forma incluso más restrictiva que de costumbre. En este caso, la elección de doce artistas ha venido dictada por el espacio mismo de la exposición, de modo que cada artista, representado por la selección de una de sus series, se expone en cada una de las salas. Estas obras, sin embargo, no son meros ejemplos de una obra “repetitiva”, han sido seleccionadas por el modo en que nos hacen ser conscientes del carácter repetido que se encuentra en el centro de la obra, en la que la repetición se utiliza como medio consciente de condicionamiento (y apertura) de la mirada del espectador.

“Como siempre, el guitarrista David Gedge (de la banda Wedding Present) busca ese lejano margen en el que la repetición no se repite, ya que se dobla sobre sí misma, de manera que el sonido se convierte en una serpiente que se muerde la cola, saliendo por el extremo opuesto, mientras el oyente sigue esperándolo por el sitio equivocado”. [4]

Por último, ese doblarse sobre sí mismas es lo que distingue a las obras escogidas para esta exposición. La trayectoria de la instalación pretende delinear diversos medios de obligar al espectador a darse la vuelta, de inducir el cambio mediante una clara conciencia de la repetición. La instalación está configurada con objeto de explorar las ramificaciones de este circuito, ideando diversas formas de confrontación en su interior: la persistente combinación de minimalismo y progresión que hace Martin frente a la posición de Art & Language, alejada de la máquina modernista; la recontextualización propia de las monocromías de Levine y de McCollum; la duplicación que se da en los retratos de Richter y en *Sombra nocturna* (Nightshade) de Rauschenberg, etc. **“Intentarlo de nuevo, intentarlo una y otra vez...”**. Y quizá no en pos de la perfección, sino en busca de un contexto en el que la repetición soporte la continuidad de la obra.

(4) Griel Marcus: “Top Ten”, en *Artforum*, abril de 1992, vol. XXX, nº 8.

Michael Tarantino

Andy Warhol

"La razón por la que pinto así es que deseo ser una máquina, y siento que todo lo que hago y todo lo que hago maquinalmente, es lo que en efecto deseo hacer". [5]

Además de los "Lenin", los dólares, las "Marylin", los sellos verdes, las botellas de Coca-Cola, las latas de sopa o los desastres, hasta la propia forma de hablar de Warhol, una especie de cruce entre la conversación y el monólogo, parece basada en la repetición. **"Todo lo que hago y todo lo que hago maquinalmente es lo que en efecto deseo hacer".** La repetición y la multiplicación convierten el fraseo en una suerte de sinsentido en el que cuanto más se diga, más obvio (y más obtuso) parecerá. Igual sucede con las imágenes, un desfile virtual de personajes que ya ha sido relegado a lo banal debido a su hiper-mediatización.

En la serie *Lenin*, cada retrato de esta figura histórica, hoy igual que entonces, se abre a una continua reinterpretación, se filtra por medio de los cambios en el color y en la composición. Al igual que el proceso histórico, las imágenes de Warhol son un producto tanto de la memoria como del olvido. Iconográficamente, cada época forja su propio "Lenin", y esta tradición ininterrumpida de imágenes reconocibles es crucial en las subsiguientes transformaciones que opera el artista. Al final, el deseo de Warhol por convertirse en máquina resulta paradójico: la diferencia, emparejada con la similitud, es lo que distingue la obra.

Así pues, Warhol realiza cuadros históricos de un tipo muy distinto de los que realizaron David o Géricault. Lejos de fijar un acontecimiento o un personaje en el tiempo, fija el tiempo sobre el personaje. Sus retratos de Lenin o de Jackie Kennedy son intentos de ver cómo se ve a estas figuras. Esta máquina de pintar es, por consiguiente, una aproximación a una subjetividad generalizada. El retrato, la figura política, el símbolo de los medios de comunicación: cada método de visualización se combina con objeto de producir un conjunto laberíntico de coordenadas cambiantes.

(5) Andy Warhol: "What Is Pop-Art? Answers from 8 Painters, Part I", por G.R. Swenson, en *Artnews*, 62, noviembre de 1963.

Lenin, 1986.
Oleo sobre lienzo, 183 x 122 cm. Galerie Bern Klüser, Munich

Lenin, 1986.

Oleo sobre lienzo, 183 x 122 cm. Galerie Bern Klüser, Munich

Lenin, 1986.
Oleo sobre lienzo, 183 x 122 cm. Galerie Bern Klüser, Munich

Lenin, 1986.
Óleo sobre lienzo, 183 x 122 cm. Colección Kluser, Munich

Lenin, 1986.
Oleo sobre lienzo, 183 x 122 cm. Galerie Bern Klüser, Munich

Lenin, 1986–87.
Collage, 104 x 78 cm. Galerie Bern Klüser, Munich

Lenin, 1986–87.
Collage, 110 x 77,5 cm. Galerie Bern Klüser, Munich

Lenin, 1986–87.
[illegible], [illegible] Galerie Bern Klüser, Munich

Lenin, 1986–87.
Collage, 104 x 79 cm. Galerie Bern Klüser, Munich

Lenin, 1986–87.
Collage, 80 x 59 cm. Galerie Bern Klüser, Munich

Lenin, 1986–87.
Collage, 80 x 61 cm. Galerie Bern Klüser, Munich

Lenin, 1986–87.
Collage, 80 x 61 cm. Galerie Bernd Klüser, Munich

Lenin, 1986.
Collage, 80 x 59 cm. Galerie Bern Klüser, Munich

Allan McCollum

“La repetición es uno de esos instrumentos que se utilizan muchísimo en el mantenimiento de las relaciones de poder. Es un instrumento utilizado por la religión en todas partes, así como por el estamento militar, para construir un espectáculo hipnótico. La repetición tiene ya un determinado significado en sí misma. Posiblemente sea el lenguaje del poder por excelencia”. [6]

En cierto modo, *Sustitutos* (Surrogates), de Allan McCollum, podría leerse como una puesta en práctica de un “espectáculo hipnótico”. Aunque el tamaño de cada una de las obras pueda ser variable, todas transmiten una inmediata sensación de exceso numérico. La simple cantidad de las obras, al igual que el cómputo y la mirada fija que se emplean para inducir un estado hipnótico, producen una noción mecánica de la pintura que, pese a todo, está muy lejos de lo que Warhol tenía en mente.

Al igual que la serie *Deshacer* (Melt Down), de Sherrie Levine, *Sustitutos*, de McCollum, también ha de verse en el contexto de la originalidad y de lo único. Con todo, la mutabilidad que caracteriza el modo en que estas obras se hallan instaladas (en una sola línea, esparcidas al azar en la pared, negro sobre fondo blanco, varios colores yuxtapuestos, el marco de idéntico color que lo enmarcado) connota también una suerte de teatralidad: un modo en el que el espacio de la exposición es redefinido por medio de un verosímil virus de efectos. La obra de McCollum parece, en consecuencia, prolongarse hacia la infinitud: la repetición, al igual que la división del espacio, no conoce límite ninguno.

Debido a la igualdad que mantienen entre sí, estas obras se sitúan con un máximo de efectividad dentro del contexto de la producción en masa. Al igual que *Vehículos perfectos* (Perfect Vehicles), también de McCollum, cada una parece generar a las demás. En tanto serie de obras, jamás podrá darse por cerrada, ya que ello implicaría la existencia de una obra final, definitiva, una singularidad del objeto que traiciona cada una de las disposiciones espaciales. Para Warhol, el propio uso del término “fábrica”, como en *The Factory*, representaba una cadena de montaje que meramente parecía apuntar a algo impersonal. Para McCollum, la referencia a la fábrica y a un determinado modo de producción produce el efecto opuesto. **“El objeto de la obra no es la pintura *per se*, sino, antes bien, aquellos deseos y anhelos humanos que dependen de la mediación y el aplazamiento que se debe a los diversos rituales en los que se hace el arte, se contempla el arte, se compra y se vende el arte, etc., y en aras de los cuales el objeto artístico bien podría considerarse en sí mismo como vale de cambio...”** [7].

(6) Allan McCollum: “An Interview with Allan McCollum”, por D.A. Robbins, en *Arts Magazine*, octubre de 1985.

(7) Allan McCollum: afirmación del artista tomada del catálogo de la exposición del Stedelijk Van Abbemuseum, 1989. Eindhoven.

Instalación, estudio del artista

Ten Plaster Surrogates, Diez Sustitutos en Escayola, 1982–1991.
Esmalte sobre yeso, Instalación, medida variable. John Weber Gallery, Nueva York

Instalación, Julian Pretto, Nueva York

Instalación, Marian Goodman Gallery, Nueva York

Forty Plaster Surrogates, Cuarenta Sustitutos en Escayola, 1982–1991.
Esmalte sobre yeso, Instalación, medida variable. John Weber Gallery, Nueva York

Instalación, Richard Kuhlenschmidt Gallery, Los Angeles

Art & Language

"Creo que usted intenta integrar el texto en un espacio viable dentro del cuadro. Tiende usted a leer una línea, pero entonces la mirada se extravía para instalarse espacialmente en otra parte. Intenta constantemente readaptar el texto de una forma ajena a la lectura. No se puede leer y contemplar una escena simultáneamente. Su atención se divide en dos, convirtiéndole, por así decirlo, tanto verbal como visualmente en un disléxico."[8]

Aunque Michael Baldwin habla aquí acerca de una serie titulada *Rehenes* (Hostages), su referencia a la dislexia parece particularmente apropiada cuando se aplica al enfoque de la pintura que expone por Art & Language, considerándola un determinado campo de tentativas. En el *Diccionario Collins de la Lengua Inglesa* encontramos que el nombre "no técnico" que se da a la dislexia es "ceguera verbal". La noción de ceguera, crucial también en la obra de Rémy Zaugg, es parte integral de esta serie titulada *Indice: Incidente en un Museo* (Index: Incident in a Museum), en la que se pone en primer plano un inventario verosímil de condiciones determinantes: históricas, sociales, estéticas, arquitectónicas y económicas. Normalmente, en el acto de la pintura y en el acto subsiguiente de la recepción o la crítica, todas estas condiciones determinantes se borran. El resultado es una ceguera voluntaria, un pacto ilícito entre el artista, el museo y el espectador.

En tanto serie unitaria, *Indice: Incidente en un Museo* parece proyectar simultáneamente elementos connotativos y denotativos. Si ello provoca la dislexia, una forma de no ver, es precisamente por los diversos modos en que los artistas transforman lo "dado" por medio de un proceso de desdoblamiento y de repetición. Al situar los cuadros en el contexto del Whitney Museum of American Art, de Marcel Breuer, los artistas han elegido uno de los símbolos más visibles del modernismo. A resultas de ello, su ruptura de la perspectiva no sólo se halla en relación con el espacio interior del cuadro, sino que además hace referencia al marco institucional. El espacio del museo, en donde la perspectiva funciona de tal forma que aísla y condiciona nuestra mirada, queda vuelto del revés, convertido en una "caja de Pandora" llena de significantes.

(8) Michael Baldwin: "A Conversation in the Studio About Painting: An Extract from an Interview with Art & Language", por David Batchelor. *Art & Language: Hostages XV - L. XXVI*, Catálogo, 1991.

Index: Incident in a Museum VI, Indice: Incidente en un Museo VI, 1986.
Técnica mixta sobre lienzo, 174 x 271 cm. Colección Herbert, Gante

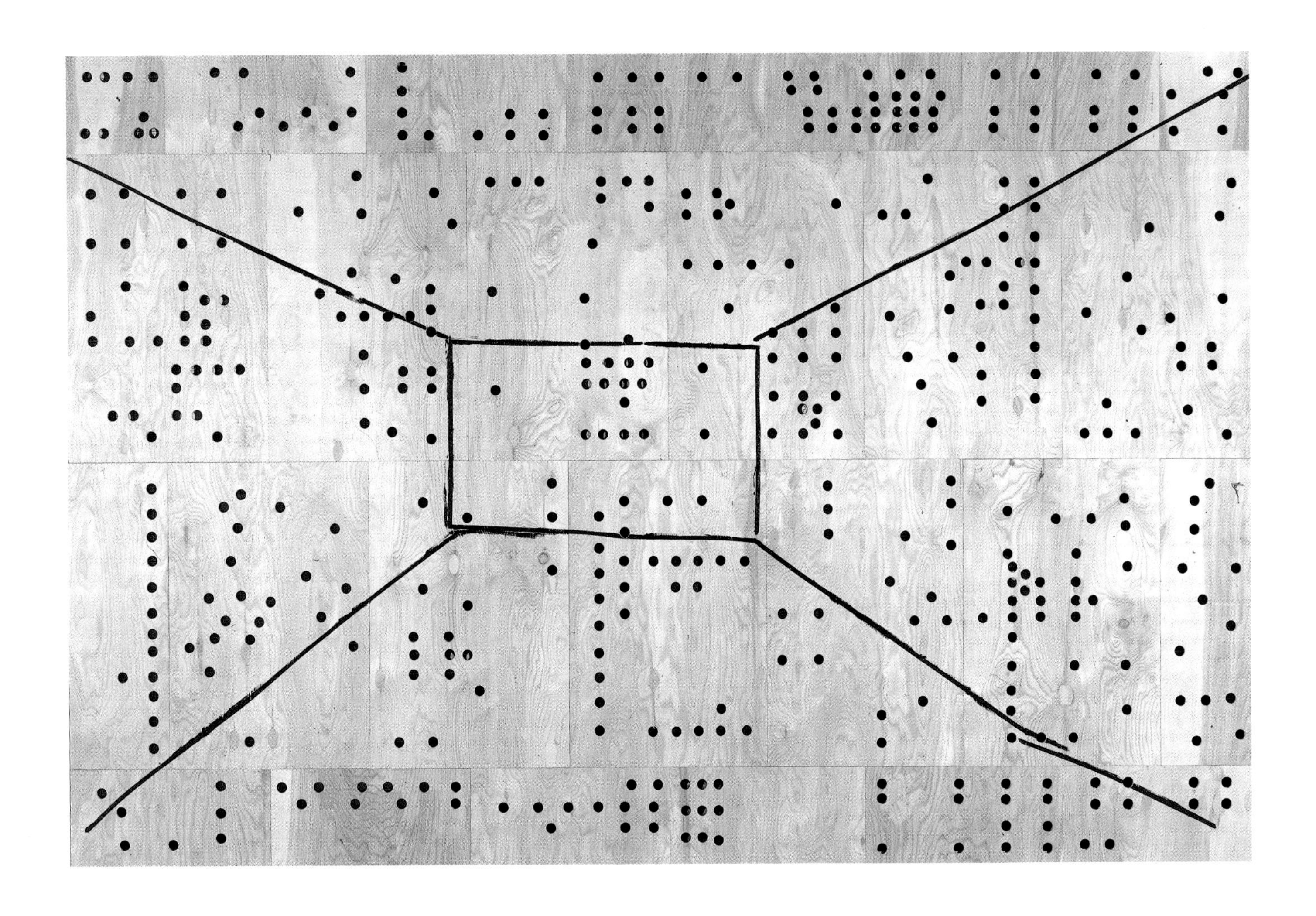

Index: Incident in a Museum XIV (Madison Av.), Indice: Incidente en un Museo XIV (Avda. Madison), 1986.
Oleo sobre conglomerado/óleo sobre contrachapado, 243 x 379 cm. Lisson Gallery, Londres

Index: Incident in a Museum XX, Indice: Incidente en un Museo XX, 1985–87.
Óleo sobre lienzo, 171 x 271 cm. Colección Club Groeninge, Brujas

Index: Incident in a Museum XXI, Indice: Incidente en un Museo XXI, 1987.
Oleo y foto sobre lienzo montado en contrachapado, 243 x 379 cm. Lisson Gallery, Londres

Agnes Martin

"Cuando nos adentramos por un bosque, no vemos los árboles caídos que han empezado a pudrirse. Nos inspira en cambio la multitud de árboles en pie." [9]

En cierto modo, la totalidad de la obra de Agnes Martin es un intento por ver el bosque en vez de los árboles. En su coherente manera de trabajar una y otra vez una serie de elementos básicos, llega a un punto en el que el movimiento parece primario: se trata de un movimiento simultáneamente físico e intelectual que aglutina tanto al artista como al espectador en el proceso.

Basta con tomar las dos variables que emplea Martin: la línea y el color. Cada aplicación sólo cobra sentido cuando se pone en su contexto: la distancia entre dos líneas, la yuxtaposición de distintos matices, la multiplicación en tanto que entramado resultante de la combinación de las líneas; verticalidad frente a horizontalidad, etc. Su pintura insinúa repetidamente la consecución del logro y la imposibilidad de la perfección. Sólo al trabajar una y otra vez los elementos, mediante la continuación de este proceso que informa una obra por medio de otra, "avanza" en realidad la serie.

De este modo, los cuadros de Martin, siempre con las mismas dimensiones, están intrincadamente involucrados en la repetición, tanto por lo que respecta al tema tratado como por lo que atañe al proceso que vincula una obra con otra. Una comparación de dos obras cualesquiera disipa sin lugar a dudas la idea de que los cuadros son, hasta cierto punto, copias unos de otros. Su sublimidad reside en el modo en que utilizan la familiaridad, la calidad de algo reconocible como medio por el cual se nos incita a mirar de nuevo. Ahí se encuentra el "movimiento" de los cuadros de Martin: la contextualización permanente y el paso de una etapa a otra. Siempre quedará por ver el bosque.

(9) Agnes Martin: "Beauty is the Mystery of Life", conferencia leída en abril de 1989 en el Museum of Fine Arts, Santa Fe, Nuevo México. Reimpreso en el catálogo *Agnes Martin: Paintings and Drawings*, 1991.

Untitled 1 Sin Título 1, 1989
Acrílico y grafito sobre lienzo, 183 x 183 cm. The Pace Gallery, Nueva York

Untitled 3, Sin Título 3, 1989.
Acrílico y grafito sobre lienzo, 183 x 183 cm. Colección particular, Nueva York

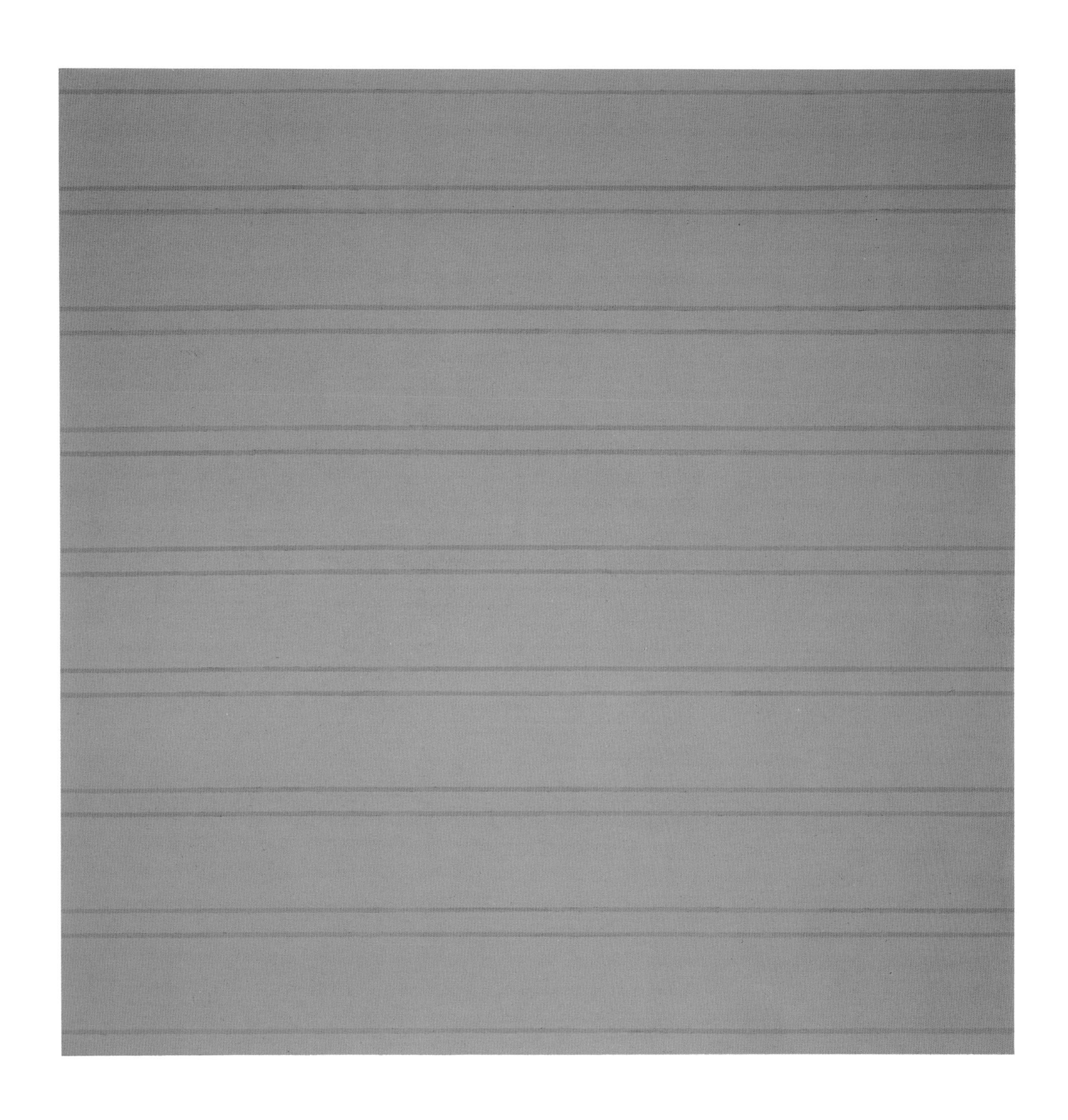

Untitled 7, Sin Título 7, 1989.
Acrílico y grafito sobre lienzo, 183 x 183 cm. The Pace Gallery, Nueva York

Untitled 8, Sin Título 8, 1989.

Acrílico y grafito sobre lienzo, 183 x 183 cm. Colección particular, San Francisco

Gerhard Richter

"Primero pinto una versión exacta de la fotografía, a veces con más realismo incluso que el modelo. Eso se puede hacer con un poco de experiencia. Lo que transpira así es, naturalmente, una imagen intolerable, en todos los sentidos." [10]

Lo que tal vez no sea "tolerable" en los cuadros que pinta Richter a partir de fotografías es la combinación que logra entre lo específico y lo genérico, entre lo exacto y lo ambiguo. Dada la posibilidad de realizar una duplicación exacta de su modelo, opta en cambio por difuminar la distinción, llevando a cabo una ruptura total no sólo en el tránsito de la fotografía al cuadro, sino también en la coincidencia inicial que existía entre el tema y la propia fotografía. Cada uno de los eslabones, en lo que parecía ser una cadena de acontecimientos, queda roto.

En *Acht Lernschwestern* (Ocho estudiantes de enfermería), 1966, Richter utiliza el emborronamiento fotográfico, el hecho de que las cosas estén desenfocadas, en cuanto medio por el cual acceder a ese estado intolerable. Adoptando un conjunto de imágenes absolutamente banal, aunque sumamente mediatizado –las enfermeras fueron víctimas de un asesinato en masa–, el artista convierte tres instantáneas en una galería de formas tétricas en la que hasta un mínimo intento por lograr una definición se nos escapa. Su definición es sacrificada por medio de la intencionada integración de un "error" (el desenfoque).

Mediante un trabajo constante que le lleva a hacer y rehacer el cuadro, el espectador se queda con una negación del concepto mismo de retrato, ya sea por medio de la pintura o por medio de la fotografía. El resultado de todo ello es una serie de cuadros que trata más bien de la idea de un conjunto de individuos unidos de forma azarosa, que acerca de ocho figuras concretas. Al igual que las velas, las figuras públicas o los paisajes son, para Richter, un tema a tratar: nada más y nada menos que un tema a tratar.

La repetición de Richter, su manera de llevar la imagen fotográfica hasta los límites de la representación, ensaya un camino hacia la abstracción. Al mismo tiempo, pese a todo, su preocupación por lo figurativo sigue en marcha, negando toda idea de "progresión" o de "linealidad" entre la pintura abstracta y la pintura de representación. Con intención de ver dichas imágenes, nos es necesaria la distancia. Al igual que las vistas aéreas de una ciudad, como las de la serie *Stadtbild*, cuanto mayor sea la distancia mayor será también el recorrido de nuestra percepción a partir del tema original. Vemos el objeto, la persona o la panorámica en el curso de su repetición, de su propio cambio.

(10) Gerhard Richter: "Gerhard Richter / Jan Thorn-Prikker: Ruminations on the October 18, 1977 Cycle", en *Parkett*, 19, 1989.

Acht Lernschwestern, Ocho Estudiantes de Enfermería, 1966
Oleo sobre lienzo, ocho cuadros, cada uno 95 x 70 cm. Crex Collection, Hallen für neue Kunst, Schaffhausen, Suiza

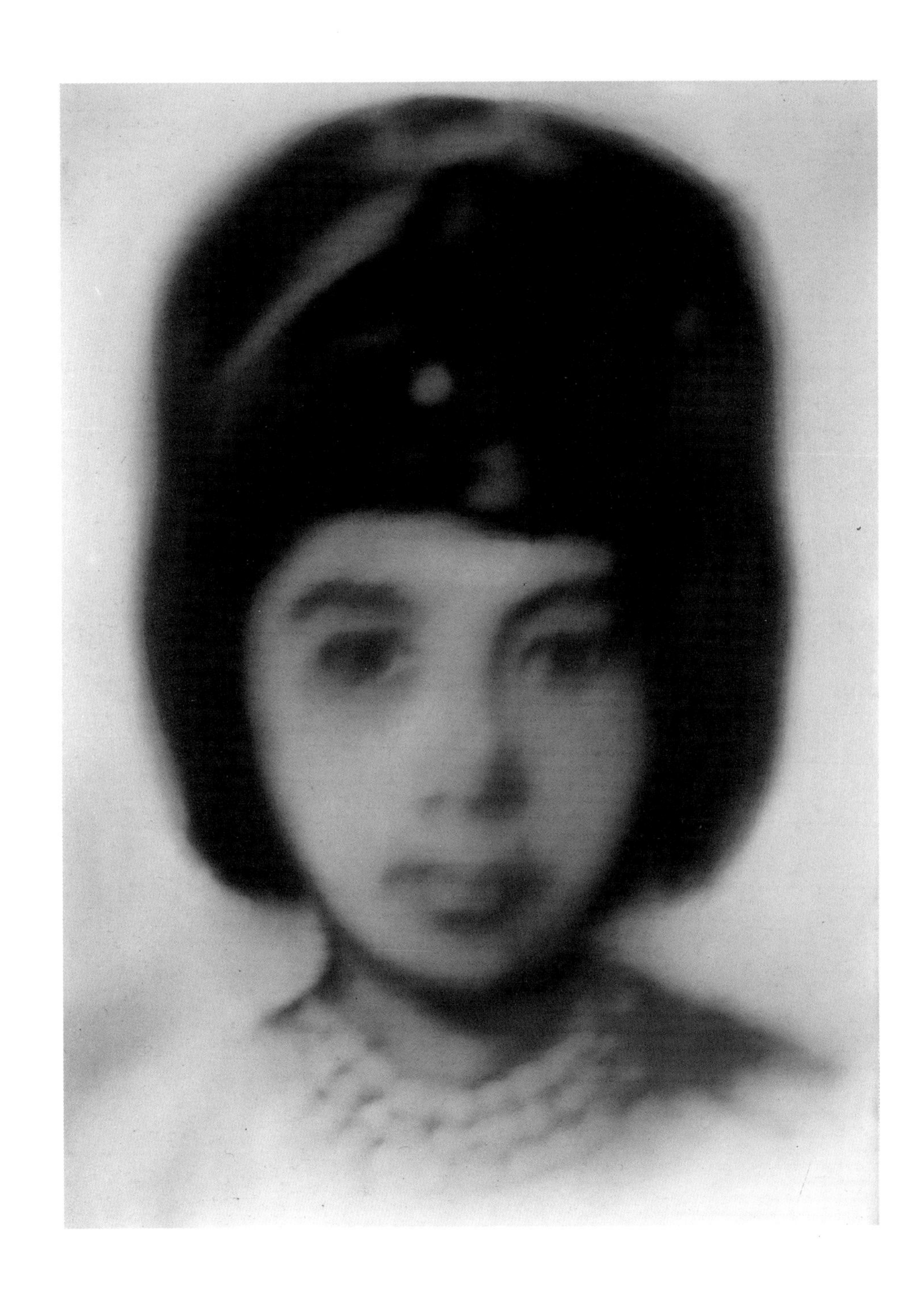

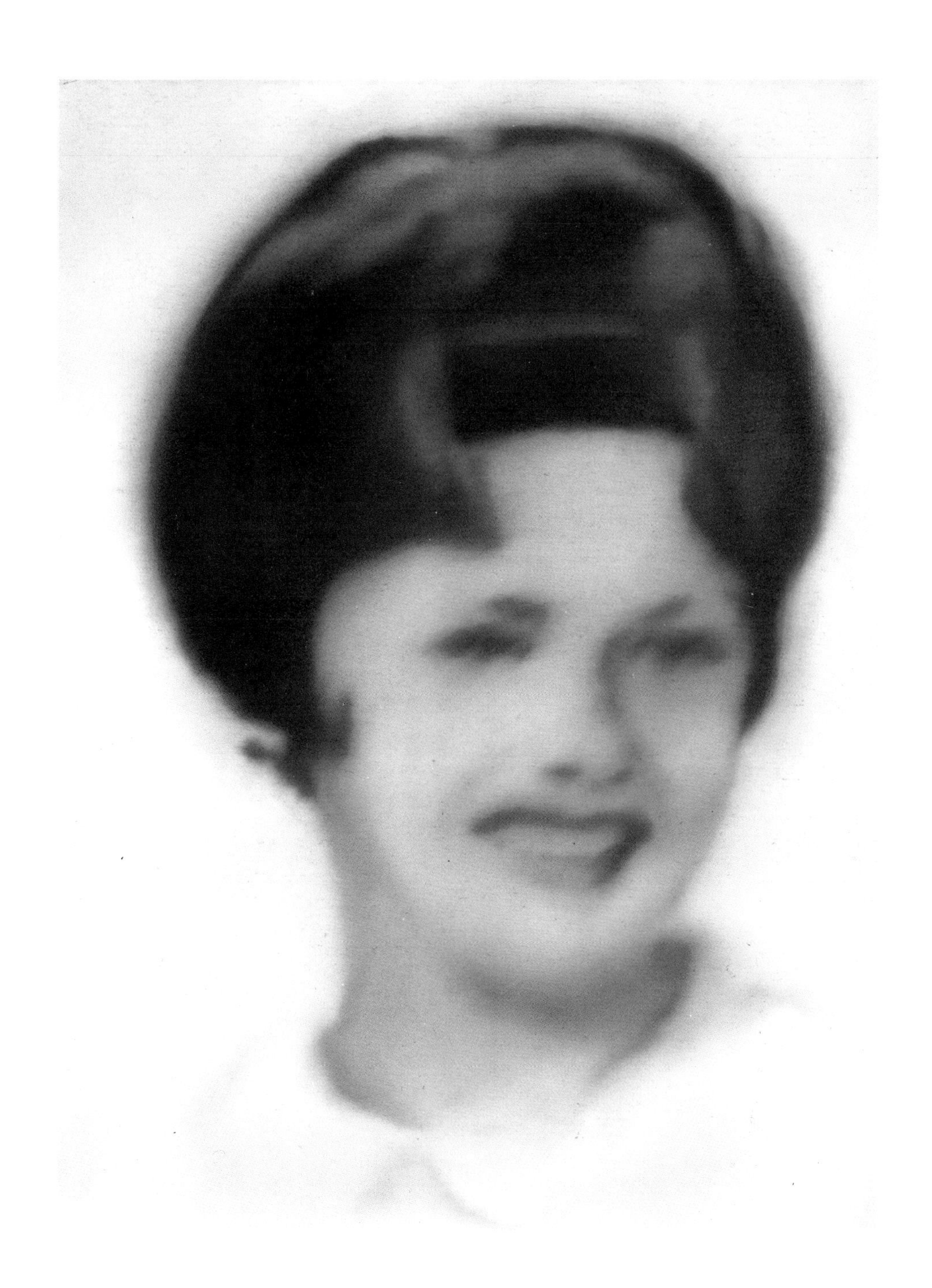

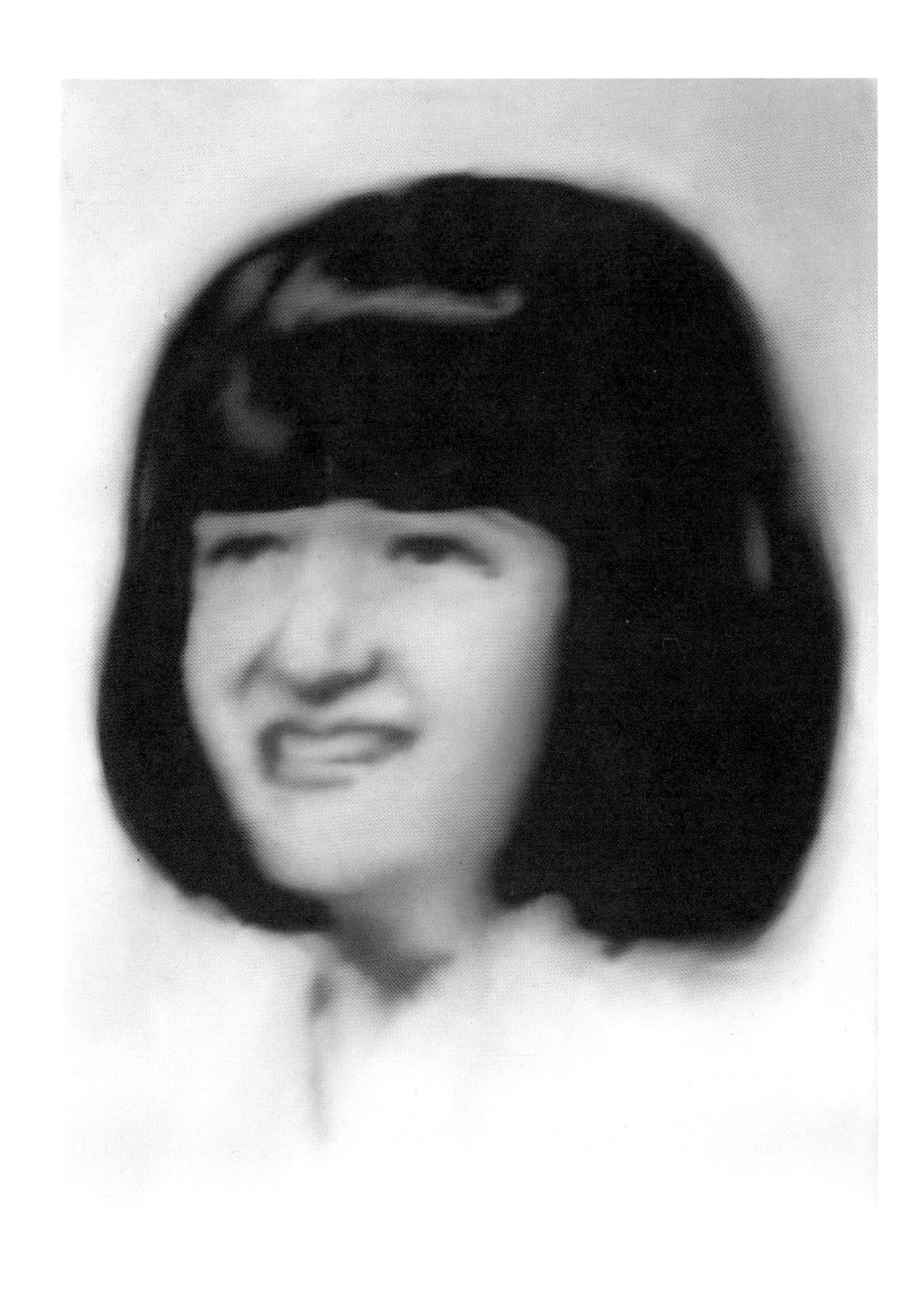

Robert Rauschenberg

"Es posible que haya descubierto mi propia originalidad por medio de una serie de desvíos y rodeos que me he impuesto a mí mismo".[11]

Cuadro blanco (White Painting) de 1951 es un conjunto de siete lienzos cubiertos por pintura acrílica y colocados uno junto a otro. A manera de ejemplo de la repetición, de la similitud y de las calidades generadoras del objeto, este es un paradigma en toda la obra de Rauschenberg. Con todo, es importante hacer mención de que el título de la obra es singular, lo cual implica que estos paneles, idénticos entre sí, son partes iguales de una misma obra. A primera vista, *Cuadro blanco* exige que lo veamos en medio del proceso de la síntesis y la disolución.

Los "cuadros mentales" de Rauschenberg, con su combinación de materiales y procesos muy diversos, con su propia enciclopedia de imágenes, parecen constituir la antítesis de una obra tan austera como es *Cuadro blanco*. Los rascacielos, los automóviles, las sillas, las imágenes de la antigüedad, los manchurrones de pintura, las imágenes recortadas de la prensa, los rayos X..., cada una de estas imágenes, a pesar de su diferencia con las demás, sigue estando en función de todas ellas. Las serigrafías y los montajes de Rauschenberg parecen ser continuos "desvíos y rodeos" en los que el propósito de la combinación es la recontextualización y la redefinición.

El montaje transformador que caracteriza la obra de Rauschenberg puede también contemplarse a la luz del museo y de su papel de coleccionista y sede de la preservación del arte. **"Rauschenberg se había apartado definitivamente de las técnicas de producción (combinaciones, ensamblajes) para llegar a las técnicas de reproducción (serigrafías, dibujos transferidos). Y es este desplazamiento el que nos lleva a pensar en el arte de Rauschenberg como algo propio de la posmodernidad. Por medio de la tecnología de la reproducción, el arte de la posmodernidad prescinde del aura... Conceptos tales como originalidad, autenticidad, presencia, esenciales de todo punto en el discurso ordenado del museo, quedan inapelablemente socavados".**[12] Para Rauschenberg, la multiplicación, tanto si se da en los paneles idénticos de *Cuadro blanco* como si acaece en las combinaciones caóticas que habían de caracterizar sus obras más recientes, es, al igual que la geometría obsesiva de Mangold, una negación de los conceptos de progreso y de proceso.

(11) Robert Rauschenberg: *Off the Wall: Robert Rauschenberg and the Art World of Our Time*, por Calvin Tornkins, Penguin Books, 1980.

(12) Douglas Crimp: "On the Museum's Ruins", en *October*, 13, verano de 1980.

Off the Walls (Night Shade), Pintadas (Sombra Nocturna), 1991.
Acrílico sobre aluminio cepillado, 124 x 124 cm. Colección del artista

Ms. P. Goes to Town (Night Shade), La Sra. P. va a la Ciudad (Sombra Nocturna), 1991.
Acrílico sobre aluminio cepillado, 104 x 124 cm. Colección del artista

Pins (Night Shade), Alfileres (Sombra Nocturna), 1991.
Acrílico sobre aluminio cepillado, 94 x 124 cm. Colección del artista

Afloat (Night Shade), A Flote (Sombra Nocturna), 1991.
Acrílico sobre aluminio cepillado, 124 x 155 cm. Colección del artista

Starter (Night Shade), Arranque (Sombra Nocturna), 1991.
Acrílico sobre aluminio cepillado, 124 x 155 cm. Colección del artista

Rémy Zaugg

"Esta indagación –*Una hoja de papel* (A Sheet of Paper)– gravita en torno a un punto único y central, rotando incansablemente alrededor de ese centro, amenazando en todo momento con engullirlo. Al trazar círculos infinitos sobre el centro, con la persistencia del electrón que orbita sin cesar en torno a su núcleo, lo hace a sabiendas de que precisamente ahí, en ese punto, en ese lugar quizá menor que la cabeza de un alfiler, tal vez ahí será donde a la postre descubra un portal abierto a un mundo, donde a la postre encuentre a los hombres que corresponden al mundo y a otros hombres de los que hoy no tenemos más que una vaga intuición. Quizá sea ése un portal mítico, quizá sean ese mundo y esos hombres míticos también".[13]

Una hoja de papel se sitúa entre un análisis de la percepción y el acto de la pintura. Podría contemplarse como una inacabable permutación de obras en la que cada uno de los cuadros, cada cual desde su propio punto de vista, entrañase otros cuadros. Tomando como punto de partida *La Maison du pendu* (1873), de Paul Cézanne, Zaugg construye una obra, posiblemente una obra que dure toda una vida, en torno a las posibilidades de concreción de la miríada de ramificaciones que afectan a las relaciones existentes entre el artista, el tema y el espectador.

Comenzando por la aplicación de la pintura parda sobre el papel y terminando por la sobrecargada incrustación del texto sobre la superficie pintada, Zaugg modela un pasaje laberíntico, a lo largo del cual se tiene plena consciencia de la naturaleza acumulativa de estas obras, siempre ligadas a la concreción del proceso.

Zaugg emplea el color en tanto tema y en tanto objeto en estos cuadros con la intención de enfatizar la calidad inherente de la repetición. Para el espectador, al enfrentarse a esta serie, la experiencia se torna alucinante, en tanto el cuadro en sí queda marcado como una experiencia singular, como una obra singular. Refuerza y contradice al mismo tiempo la noción de diferencia. Al ver estas obras expuestas conjuntamente, sorprenden las características que tienen en común: los materiales, el color, el tamaño. Con todo, es la multiplicación de estos elementos lo que produce una división definitiva: inspeccionándolos más de cerca, nos damos cuenta de que las diferencias son abismales. Al igual que la simplicidad que implica el título, *Una hoja de papel*, los cuadros dan una calidad ilusoria al concepto del mirar. Empleando estrategias a un tiempo pictóricas y literarias, la implicación que hace Zaugg de un punto de partida básico constituye la ilusión definitiva.

(13) Rémy Zaugg: *A Sheet of Paper*, catálogo publicado por Stedelijk Van Abbemuseum, Eindhoven, 1984.

A Sheet of Paper I (Díptico), Una Hoja de Papel I, 1973–1984.
Oleo, barniz sintético y lapiz sobre papel montado sobre algodón, 200 x 175 cm. MAI 36 Galerie, Lucerna

FOGLIO DI CARTA
FEUILLE DE PAPIER
BLATT PAPIER
VEL PAPIER
SHEET OF PAPER

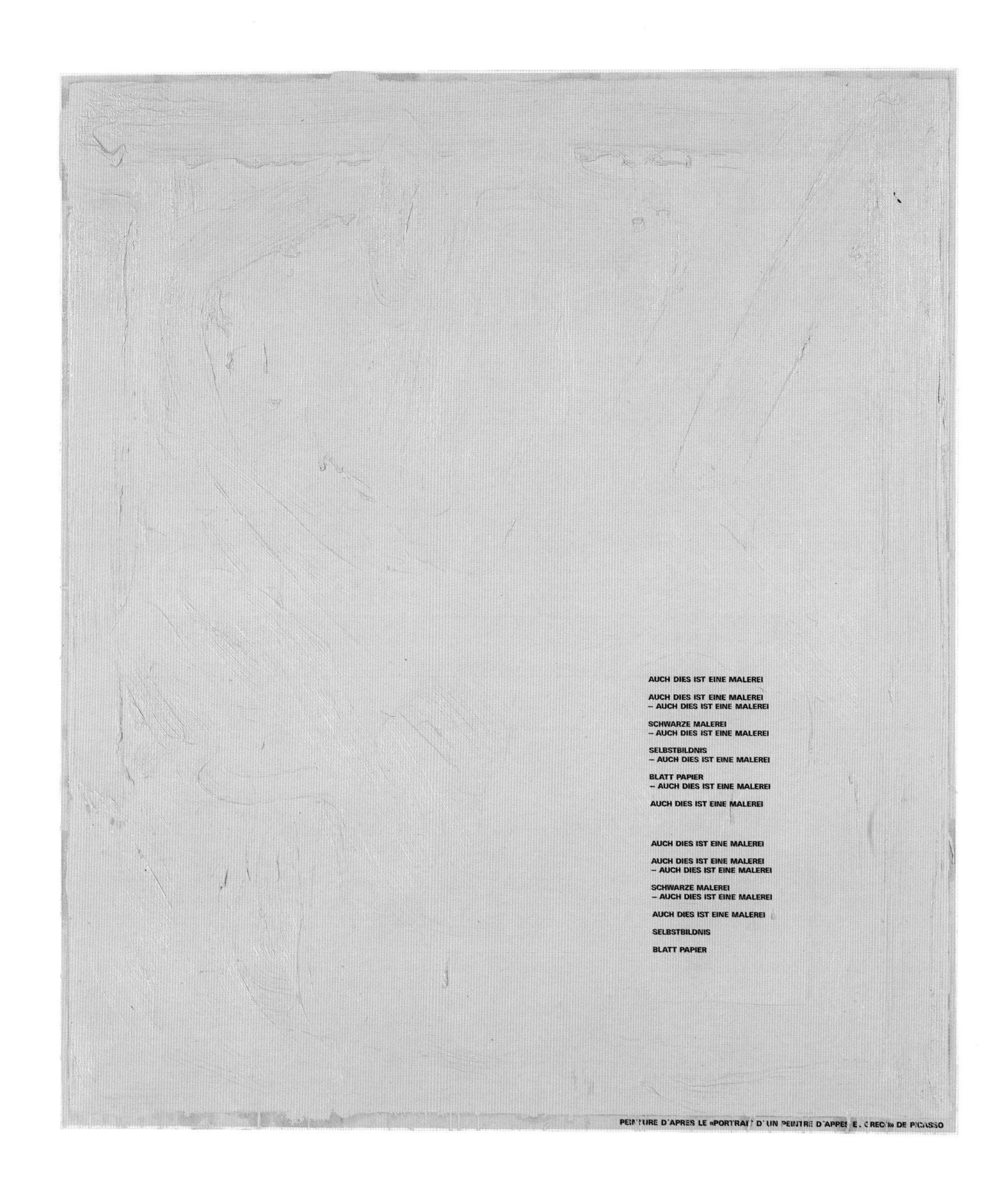

A Sheet of Paper I, Una Hoja de Papel I, 1973–1980.
Lápiz, serigrafía y óleo sobre papel montado sobre algodón, 200 x 175 cm. MAI 36 Galerie, Lucerna

CIEL, BLEU COBALT

TROIS TRONCS D'ARBRES ORANGES ET BRANCHES ORANGES, AUX FORMES PRÉCISES DESSINÉES ELABORÉES GÉOMÉTRISANTES;
ORANGE, BLEU, VIOLET FONCÉ
ARBRES, TRONCS ORANGES
TRIANGLE AIGU BLEU, CIEL,
DEUX TRONCS ORANGES, OMBRES VIOLET-FONCÉES;
PETIT TRIANGLE AIGU BLEU,
TRONC ORANGE, BRANCHE VIOLET FONCÉ
MINUSCULE TRIANGLE BLEU, VIOLET ROUGE D'OMBRE;
PAPIER BLANC SOYEUX
CIEL BLEU COBALT OUTREMER
TRONCS ORANGES, BRANCHES ORANGES
TRONC ORANGE-JAUNE;
TRONC ORANGE VIOLACÉ,
CIEL BLEU VIOLET, TOUCHE BLEU CLAIR, BRANCHAGE FONCÉ, COUPS DE PINCEAU, LIGNES OBLIQUES;
TRONC MINCE VIOLET, TOUCHE OBLIQUE ORANGE, TACHES VIOLETTES,
CIEL BLEU CLAIR BLEU CŒRULEUM;
FAÎTE DU TOIT VERDÂTRE (CRÊTE DE LA COLLINE)

CIEL BLEUTÉ
BRANCHES FONCÉES
CIEL BLEU
COUPS DE PINCEAU BLEU-VIOLACÉS GRISÂTRES CLAIRS
COUPS DE PINCEAU FONCÉS VERDÂTRES, BRUNÂTRES, VIOLACÉS
BRANCHES FONCÉES

BLEU BLEU OUTREMER CLAIR
IV
CIEL CIEL

DEUX ARBRES TORTUEUX ET TOURMENTÉS:
CIEL BLEU COBALT
ARBRE BRUN, TACHE ORANGE,
TACHE VERT JAUNE, TRONC FONCÉ VIOLET;
ARBRE ORANGÉ, TRONC VIOLACÉ

CIEL BLEU CLAIR CŒRULEUM

TROIS TRONCS D'ARBRES JAUNE-ORANGES
ARBRES ORANGE BRUN
CHEMINÉE:
QUADRILATÈRE CLAIR OCRÉ;
TRIANGLE FONCÉ VERT BLEUÂTRE
CHEMINÉE CLAIRE JAUNE
CIEL, BLEU TRÈS CLAIR
BRANCHES FONCÉES VERDÂTRES, TOUCHES
CIEL BLEU CLAIR
CRÊTE DE COLLINE VERT-JAUNÂTRE FONCÉ
COLLINE
COLLINE, GRIS-VERT-JAUNE

TROIS TRONCS D'ARBRES
TRONC JAUNE ORANGE,
OMBRE, COUP DE PINCEAU VERTICAL FONCÉ VERT
TRONC MINCE GRIS VERDÂTRE SE CONFONDANT AVEC LE PLAN
DU DESSOUS (TOIT, COLLINE), COUP DE PINCEAU FONCÉ VERT

BLEU CLAIR, VERT CLAIR BLEU

BLEU CLAIR VIOLET CLAIR
BLEU CLAIR JAUNÂTRE

CIEL BLANCHÂTRE ROSE ORANGE

FAÎTE FONCÉ VIOLET,
DESSIN, LIGNES, ARÊTE FONCÉE
DANS LE CIEL BLEU CLAIR
TACHE ORANGE
BLANCHÂTRE ROSE ORANGE
TACHE, TOUCHE ROUGE ORANGE
MARGE BLANCHE SOYEUSE D'UN LIVRE
VIOLET BLEU GRIS
TROIS TRONCS ORANGES
BLEU VIOLET GRIS
CIEL BLEU COBALT
VERT FONCÉ
TRONC JAUNE
GRIS VERT BLEU
VERT VERDÂTRE
CHEMINÉE JAUNÂTRE
FENÊTRE RECTANGULAIRE
PORTE BLEUE
HERBE VERTE
CHEMIN RECTILIGNE
SIGNATURE ROUGE
CIEL JAUNÂTRE
COLLINE GRIS BLEU
GRIS VIOLET BLEUTÉ
PRÈS GRIS VERT, GRIS JAUNE
TACHE BRUNE
PRAIRIE
GRIS GRISÂTRE BLEU
GRAND TOIT VIOLACÉ BLEUTÉ VERT
ESQUISSE PERCEPTIVE
D'UNE REPRODUCTION DONNÉE

TOIT VERDÂTRE JAUNÂTRE GRIS
TOIT

MONTAGNE BLEU GRISE
MONTAGNE BLEU GRIS

DEUX ARBRES, TRONCS D'ARBRES LONGILIGNES VERTICAUX ORANGES ET JAUNE CLAIR AVEC BRANCHAGE
DEVANT UNE FAÇADE CLAIRE ORANGÉE, UN TOIT FONCÉ VERDÂTRE BRUNÂTRE GRISÂTRE ET UN CIEL BLEU
BRANCHES CLAIRES ORANGE JAUNE DES TRONCS JAUNE-ORANGES
BRANCHES CLAIRES ORANGÉES BRUNES, BRUN-VIOLETTES
TRONC MINCE CLAIR JAUNE
(MOINS CLAIR QUE LA TACHE DE LA BASE DE LA CHEMINÉE)
II
TOIT VERDÂTRE VIOLACÉ GRIS

VILLAGES, PETITES TACHES CLAIRES ORANGE JAUNE
PRAIRIE JAUNE-VERT BLEUTÉ GRIS
III

FAÎTE BRUN OCRE
CHEMINÉE ROUGE
CHEMINÉE ROUGE
TOIT GÉOMÉTRIQUE FONCÉ
TOIT FONCÉ
CHEMINÉE ROUGE
CHEMINÉE ROUGE ROSE
TOIT FONCÉ
TOIT FONCÉ ROUGEÂTRE

FAÇADE ORANGE CLAIR

BORD DU TOIT OBLIQUE BLANCHÂTRE, GRANDE CHEMINÉE PLATE CLAIRE, DEUX CHEMINÉES ROUGE ROSE
GRANDE CHEMINÉE PLATE CLAIRE
GRANDE CHEMINÉE PLATE CLAIRE
CHEMINÉE ROUGE CLAIR
DEUX CHEMINÉES ROUGES
FAÇADE TRIANGULAIRE CLAIRE ORAN

FAÇADE TRIANGULAIRE ORANGÉE CLAIRE

TOIT FONCÉ

PETITE OUVERTURE OBSCURE

TRONC ORANGE BRUN,
OMBRE GRIS FONCÉ
VERDÂTRE BLEUÂTRE ET
VIOLACÉ SE FONDANT
DANS LE PLAN DU
TOIT ET CONTRASTANT
AVEC LA FAÇADE CLAIRE

FENÊTRE FONCÉE NOIRE,
TACHE BRUN-ROUGE,
BRANCHE CLAIRE ORANGÉE

TOUCHES VERT-JAUNES

[illegible]ACHES VERT- JAUNES
I

PLANTES GRIMPANTES VERT-BLEUES

FENÊTRE RECTANGULAIRE FONCÉE BLEUTÉE
TRONC MINCE JAUNÂTRE CLAIR
GRANDE OMBRE FILIFORME VERTICALE FONCÉE NOIRÂTRE;
PLAN CLAIR (FAÇADE); OMBRE FONCÉE VERDÂTRE; TRONC BRUN ORANGE; FAÇADE CLAIRE ORANGÉE, FENÊTRES ET PORTE GÉOMÉTRIQUES FONCÉES ET BLEUTÉES

FAÇADE CLAIRE ORANGÉE ROSÉE
(QUADRILATÈRE SEMBLABLE AU
QUADRILATÈRE DE LA CHEMINÉE
CONTRASTANT AVEC LE BLEU DU CIEL)

PAN DE MUR VERTICAL FILIFORME CLAIR
– FAÎTE FONCÉ VIOLET,
MONTAGNE BLEU-GRISE,
CIEL CLAIR GRIS BLEU CLAIR JAUNE CLAIR

HERBE VERT JAUNE GRIS, VERT BLEU GRIS

TACHES ORANGE CLAIR
L'ORANGE BRUN DU TRONC MASQUÉ DE VERT

SOL GRISÂTRE VIOLACÉ

HERBE VERTE

PORTE RECTANGULAIRE BLEUTÉE,
TACHE BRUNE

CHEMIN OBLIQUE RECTILIGN[illegible]

MILIEU DU CHEMIN HERBEU[illegible]

CHEMIN DE TERRE:
OBLIQUE RECTILIGNE CLAIRE OCRÉE;
OBLIQUES VERTES
PLAN TERREUX OCRE GRISÂTRE

HERBE VERT FONCÉ

TACHES C[illegible]IRES ROUGEÂTRES

HERBE VERT BLEU
HERBE VERT BLEU FONCÉ
BLEU VERT FONCÉ

VIOLET GRIS
PLAN OCRE GRIS-VERT

TACHE CLAIRE ORANGÉE

TACHES GRIS OCRÉ, BORD DU CHEMIN

CHEMIN ORANGE GRIS

CHEMIN OCRÉ ORANGE GRIS

SIGNATURE ROUGE
SIGNATURE ROUGE

ESQUISSE PERCEPTIVE D'UNE RE[illegible]RODUCTION D'UNE PEINTURE DE CÉZANNE

DAS HAUS DES GEHENKTEN, P. 43, *PAUL CÉZANNE*, VERLAG D[illegible]MO[illegible]T SCHAUBERG KÖLN, 4. AUFLAGE 1965
DAS HAUS DES GEHENKTEN, P. 43, *PAUL CÉZANNE*, VERLAG M. DUMONT SCHAUBERG KÖLN, 4. AUFLAGE, 1965
PEINTURE D'APRÈS [illegible] «[illegible]NTRE» D'APRÈS EL GRECO» DE PICASSO

A Sheet of Paper, Una Hoja de Papel, 1973–85.

Lápiz, serigrafía, óleo y barniz sintético sobre papel montado sobre algodón, 200 x 175 cm. Brooke Alexander Gallery, New York

A Sheet of Paper II (Díptico), Una Hoja de Papel II, 1973–85.
Lápiz, serigrafía y óleo sobre papel montado sobre algodón, 200 x 175 cm cada uno. MAI 36 Galerie, Lucerna

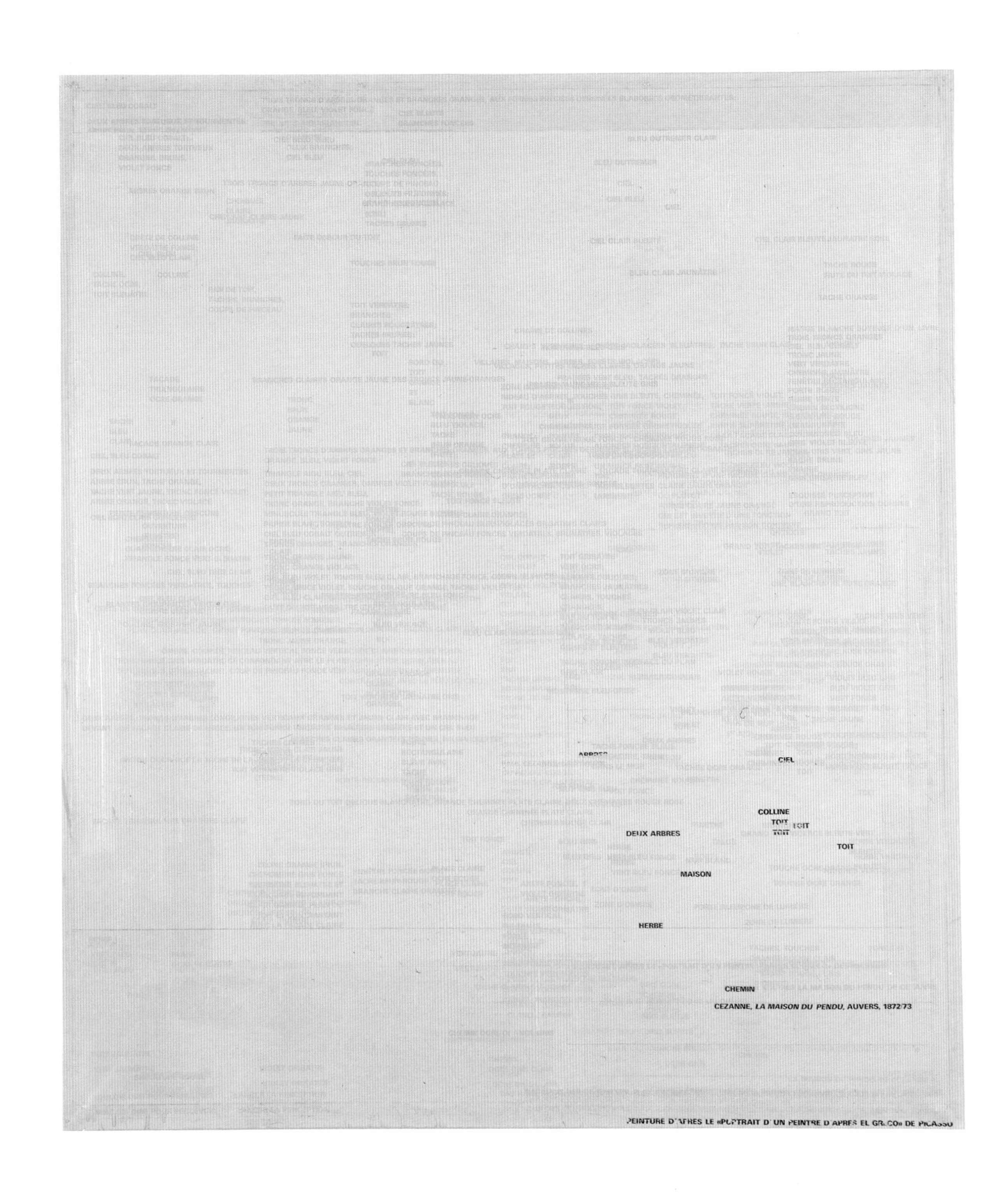

A Sheet of Paper II, Una Hoja de Papel II, 1973–86.
Lápiz, serigrafía, óleo y barniz sintético sobre papel montado sobre algodón, 200 x 175 cm. MAI 36 Galerie, Lucerna

A Sheet of Paper II, Una Hoja de Papel II, 1973–86.
Lápiz, serigrafía, óleo y barniz sintético sobre papel montado sobre algodón, 200 x 175 cm. MAI 36 Galerie, Lucerna

A Sheet of Paper II, Una Hoja de Papel II, 1973–89.
Lápiz, serigrafía, óleo y barniz sintético sobre papel montado sobre algodón, 200 x 175 cm. Brooke Alexander Gallery, New York

A Sheet of Paper II, Una Hoja de Papel II, 1973–89.
Lápiz, serigrafía, óleo y barniz sintético sobre papel montado sobre algodón, 200 x 175 cm. Colección particular, Suiza

Robert Mangold

"No me agrada en particular el término 'pintura', porque entiendo que hace excesivo hincapié en la vieja idea del proceso, en la aplicación de los pigmentos".[14]

En el *Diccionario Collins de la Lengua Inglesa* encontramos el término "geometría" descrito como "la rama de la matemática que se ocupa de las propiedades, relaciones y medidas de los puntos, las líneas, las curvas y las superficies". La investigación realizada por Robert Mangold en torno a los límites del marco y sus relaciones con formas diversas puede entenderse como una suerte de repetición geométrica. En el supuesto de que formas tales como la elipse, el rectángulo o la línea recta permanezcan idénticas a sí mismas, su disposición y contextualización se halla sometida a una transformación constante. Lo que normalmente se entendería visualmente como resultado del proceso es, por el contrario, un obsesivo empezar desde cero a cada instante. La variación en la obra de Mangold es resultado tanto de su reversión como de su progresión.

El empleo de títulos por parte de Mangold indica una preocupacion por la descripción precisa, que en un primer nivel parece exactamente lo contrario del proceso: *Zona Irregular Rojo Naranja con Elipse Dibujada*, *Elipse Roja/Marco Rojo*, *Elipse Inclinada en Verde/Marco Gris*, etcétera. Parte de esta regularidad en el nombrar es una creencia en que las formas, en sí mismas, son algo estable y digno de respeto. En los cuadros de las elipses, sobre todo, la forma cerrada que responde a una ecuación invariable permanece constante. Pese a todo, al situar estas formas en zonas de forma irregular, con diversas variaciones de color y de escala, Mangold pone en juego la geometría, iniciando un tipo de proceso muy distinto del que refería antes. No se trata del proceso físico y meticuloso de aplicar los pigmentos sobre el lienzo; al contrario, es el movimiento y la interacción de las propias formas lo que cuenta, es decir, el paso siguiente a la aplicación de los pigmentos.

(14) Robert Mangold: citado en el catálogo *Works on Paper*, publicado por Annemarie Verna Galerie, Zurich, y Galerie Meert Rihoux, Bruselas, 1988.

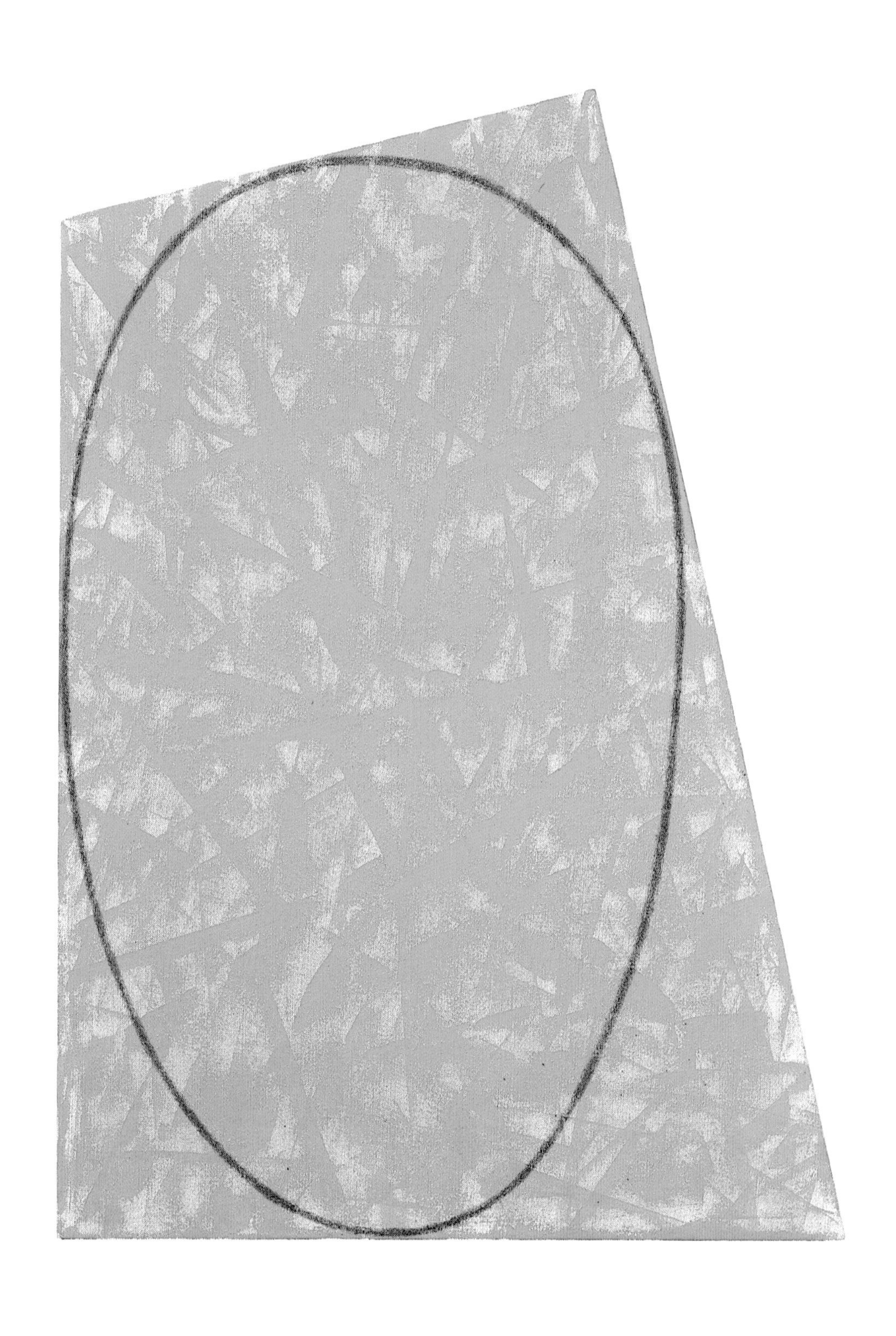

Irregular Aqua Area with a Drawn Ellipse, Area irregular de Agua con Elipse Dibujada, 1987.
Acrílico y lápiz sobre lienzo, 140 x 100 cm. Philipe André Rihoux, Bruselas

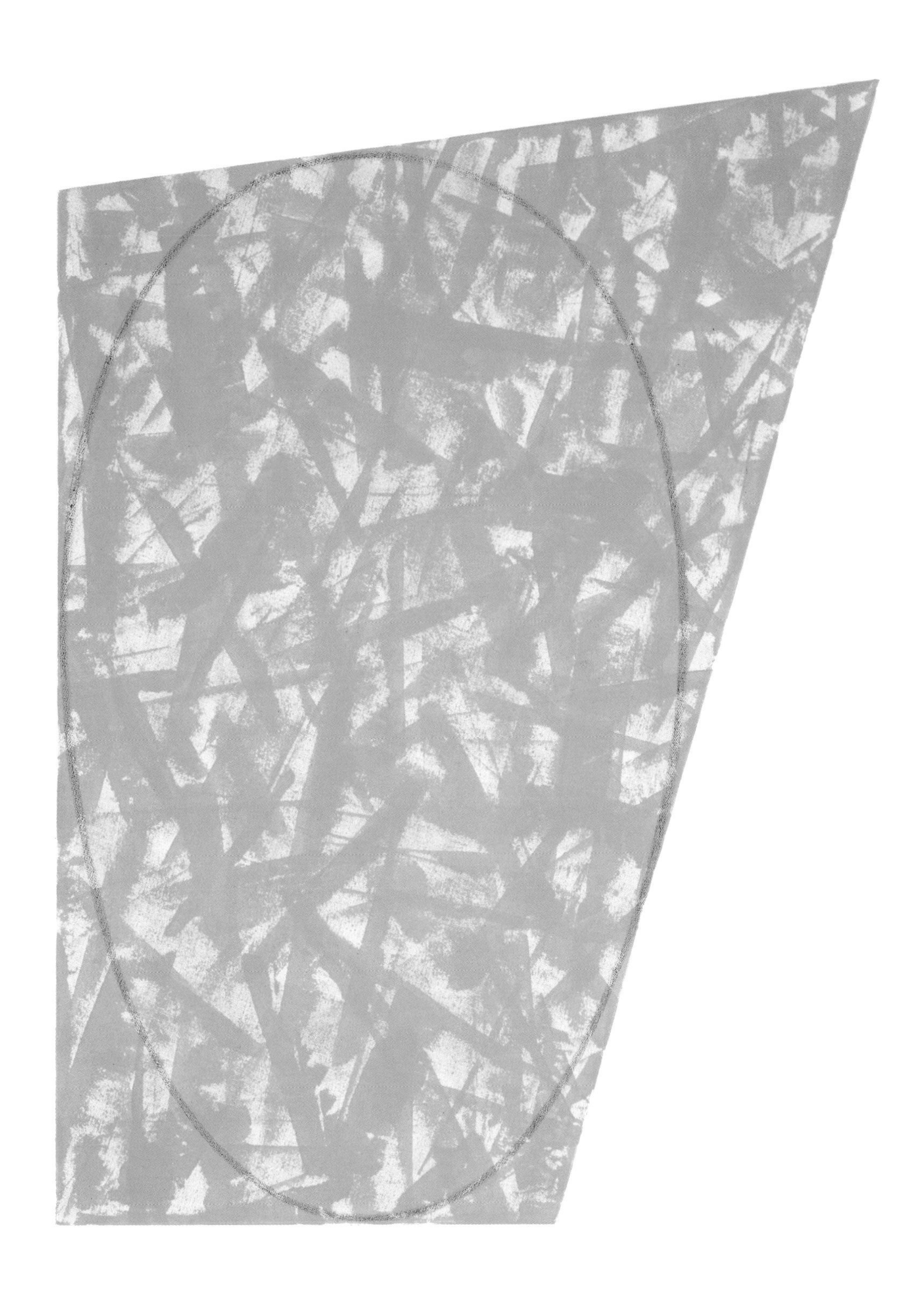

Irregular Yellow Orange Area with a Drawn Ellipse, Area irregular Amarillo Naranja con Elipse Dibujada, 1987.
Acrílico y lápiz sobre lienzo, 140 x 100 cm. Colección particular, Bruselas

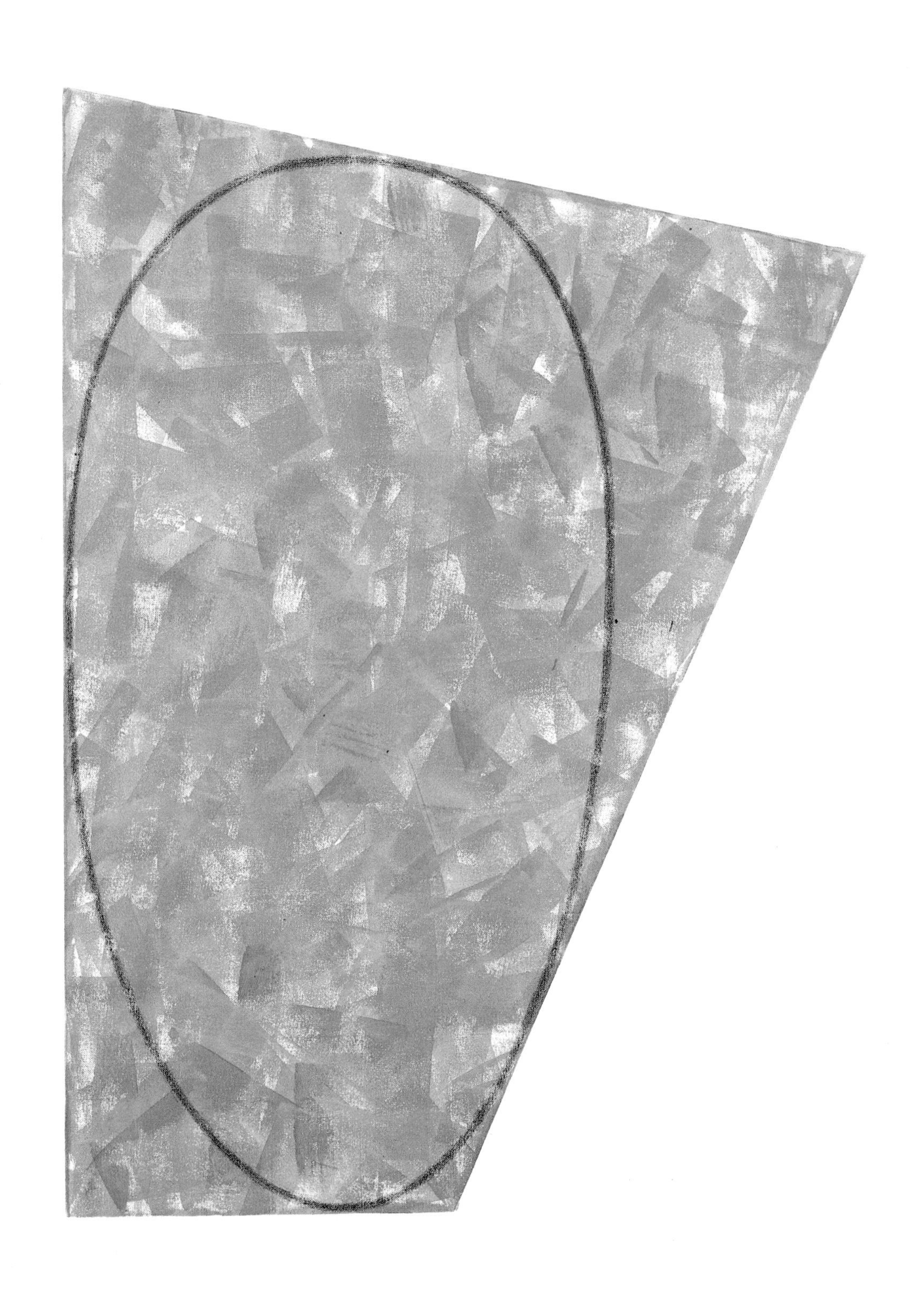

Irregular Brown Area with a Drawn Ellipse, Area irregular Marrón con Elipse Dibujada, 1987.
Acrílico y lápiz sobre lienzo, 140 x 100 cm. Galerie Meert Rihoux, Bruselas

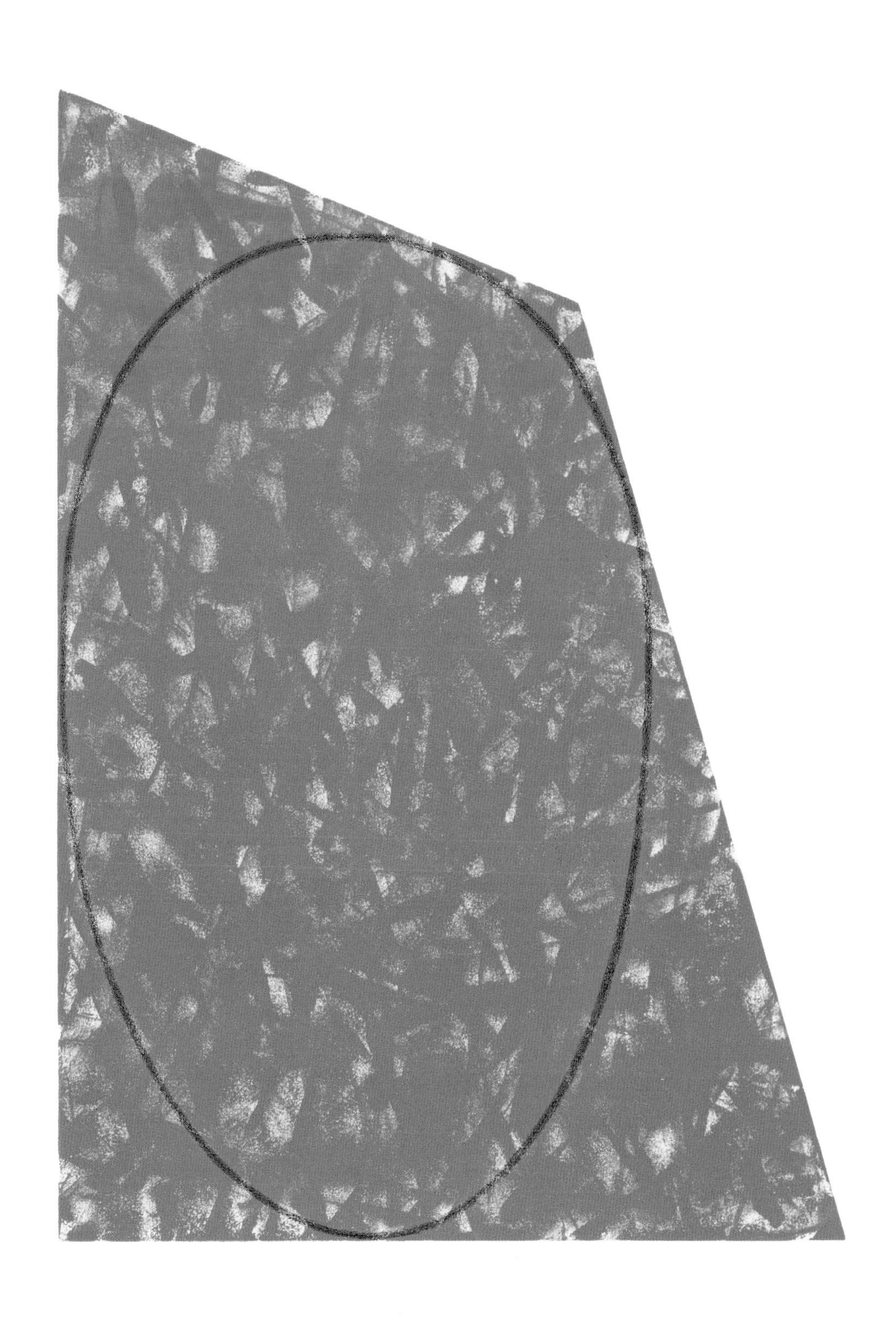

Irregular Red Orange Area with a Drawn Ellipse, Area irregular Rojo Naranja con Elipse Dibujada, 1986.
Acrílico y lápiz sobre lienzo, 140 x 100 cm. Claude Noterdame, Bruselas

Antoni Tàpies

"La letra X es también de gran importancia en mi obra. Tiene una gran cantidad de significados, comunica muchas ideas distintas. X puede ser un signo del misterio y de lo desconocido. Puede ser una forma de tachar algo, de eliminarlo, y puede asimismo ser una señal que dibuja el ojo del espectador sobre un lugar concreto del cuadro. A veces, he utilizado de forma inconsciente las X y las cruces, porque me he dado cuenta de que daban una fuerza especial al cuadro en el que estaba trabajando. Son signos de una extremada sencillez, pero están tan cargados de antiguas ideas y de simbolismos arcaicos que con sólo situarlas en una de las esquinas del cuadro, éste adquiere curiosamente una fuerza distinta".[15]

Para Tàpies, el símbolo X puede leerse de formas muy distintas: como una letra que hace referencia al lenguaje, como una negación, como una cruz, con su miríada de significaciones implícitas, como una referencia a la figura humana, etcétera. Además, las similitudes formales existentes entre las letras X y T a menudo entran en juego transportando la figura en una dirección distinta, inesperada. En cada una de las manifestaciones, de todos modos, el artista hace uso de nuestra familiaridad con la forma con objeto de **"desfamiliarizarla",**[16] en el sentido en que Victor Shlovski utilizaba el término, y de distanciarla de cualquier interpretación aceptada, fijada.

De hecho, el término "serie" parece particularmente inapropiado en el caso de Tàpies, por cuanto implica un período determinado durante el cual puede estar en funcionamiento un determinado grupo de preocupaciones o intenciones. Para Tàpies, ese período podría extenderse con bastante más exactitud hasta abarcar la totalidad de su trayectoria, ya que los materiales, los temas y las formas se sumergen y afloran recurrentemente a la superficie. En las obras elegidas para esta exposición, se puede ver un ejemplo de cómo utiliza la cruz, en una forma que a un tiempo resulta familiar y expansiva. Para Tàpies, el proceso de multiplicación parece coexistir con el de la substracción. Cada obra opera con símbolos de un modo que a un tiempo los hace más precisos y más variables.

Tanto si la X, la cruz o la T aparecen en una posición casi parentética, como es el caso de *Pintura Nº XXV* (1956) o de *Pintura* (1955), como si se convierten en el verdadero tema del cuadro, como sucede en *Ocre-gris sobre marró* (1962) o en *Superficie gris rosada amb traços negres* (1962), Tàpies siempre nos hace sentirnos plenamente conscientes de la mutabilidad del símbolo, y ello es extremadamente claro en *Quatre quadrats grisos sobre marró* (1959), en donde los cuatro elementos de las esquinas del lienzo revelan un espacio oscuro y vacío entre ellos. La cruz resultante no parece estar aquí ni tampoco allá, siendo un tema invisible cuya sencillez traiciona su dominio sobre el campo espacial. He ahí esa "fuerza [curiosamente] distinta" que resulta ser el producto de las estrategias repetitivas de Tàpies: reconocemos lo que vemos y, sin embargo, intuimos la presencia de la diferencia.

(15) Antoni Tàpies: "Conversaciones con Antoni Tàpies (1985-1991)", por Manuel J. Borja-Villel, en *Comunicació sobre el mur*, catálogo publicado por la Fundació Antoni Tàpies, Barcelona, 1992.

(16) Victor Shlovski: *Russian Formalist Criticism*, University of Nebraska Press, 1965.

Pintura, 1955.

Técnica mixta sobre lienzo, 96 x 145 cm. Museo Nacional Centro de Arte Reina Sofía, Madrid

Pintura XXVIII, 1955.
Técnica mixta sobre lienzo, 195 x 130 cm. Colección particular, París

Pintura XXXV, 1956.

Técnica mixta sobre lienzo, 130 x 162 cm. Colección particular, Madrid

Superficie gris rosada amb traços negres, Superficie gris rosada con trazos negros, 1962.
Técnica mixta sobre lienzo montado sobre madera, 193 x 130 cm. Instituto Valenciano de Arte Moderno. Centro Julio González, Valencia

Quatre quadrats grisos sobre marró, Cuatro cuadrados grises sobre marrón, 1959.
Técnica mixta sobre lienzo, 194 x 169 cm. Museu Nacional d'Art de Catalunya (Museu d'Art Modern), Barcelona

Ocre-gris sobre marró, Ocre-gris sobre marrón, 1962.

Técnica mixta sobre lienzo, 260 x 195 cm. Fundació Antoni Tàpies, Barcelona. (Donación David K. Anderson)

Jasper Johns

Katrina Martin: **"¿Cómo introduce una imagen donde antes no existía ninguna imagen?".**

Jasper Johns: **"Bien, esto es algo que esencialmente procede de un pensamiento... Ese pensamiento tiene ciertas implicaciones y, si se intenta tratar dichas implicaciones, es preciso realizar un determinado trabajo... En todo momento me interesa la forma física de lo que estoy haciendo, sea lo que sea, y muy a menudo repito una imagen dándole otra forma física, sólo por ver qué es lo que sucede, qué diferencia puede haber. Y ese ver de qué se trata es lo que conecta unas con otras y lo que separa unas de otras, pues la experiencia que se tiene de una, muy rara vez coincide con la experiencia que se tiene de otra...".**[17]

Tanto si hablamos de las barras de la bandera norteamericana, de la representación visual del proceso mental que supone el acto de contabilizar una suma determinada o de la división geográfica de un país en zonas particulares, los cuadros de Jasper Johns han adoptado recurrentemente temas cuya propia forma incorpora el proceso de la repetición.

En la serie de obras que forma parte de esta exposición, todas ellas sin título, un cierto número de elementos aflora a la superficie constantemente, al tiempo que modifica el terreno. Los dos elementos iconográficos primordiales son la correa del reloj de pulsera y el ojo. Otras cinco obras incluyen un marco dentro del marco, en el que se escenifica la disposición de estos elementos. Muy a menudo, los ojos se encuentran sobre los contornos o las esquinas de los cuadros, mientras que la correa del reloj se alarga.

Se siente la tentación de ver estos objetos como referencias a los determinantes del cuadro, a saber, el tiempo y el espacio. Ahora bien, a otro nivel, vistos desde dentro del doble marco, desde dentro del espacio pictórico, connotan en cambio una especie de metaproceso en el que el ver y el medir se vuelven sobre quien contempla el cuadro. Frente a cuadros tan claros y a la vez tan herméticos, el espectador cuenta con la repetición como clave esencial para realizar una lectura de dichos cuadros. De todos modos, al igual que la similitud que caracteriza *Una hoja de papel*, de Zaugg, nuestro reconocimiento de cada uno de los elementos sirve meramente para subrayar la diferencia, la experiencia individual. Al igual que la combinación de números finitos en sumas infinitamente más grandes, la manipulación que hace Johns de estos objetos en el espacio apunta a una gran riqueza de posibilidades que miran a la vez hacia atrás, hacia la obra precedente, y hacia delante, hacia la obra aún por venir.

(17) Jasper Johns: "An Interview with Jasper Johns about Silkscreening", por Katrina Martin, en Catálogo publicado por Isy Brachot, Bruselas, 1991.

Untitled, Sin Título, 1985.

Oleo sobre lienzo, 58 x 42 cm. Colección del artista

Untitled, Sin Título, 1986.
Oleo sobre lienzo, 82 x 65 cm. Leo Castelli Gallery, Nueva York.

Untitled, Sin Título, 1986–87.

Oleo sobre lienzo, 81 x 65 cm. The Eli and Edythe L. Broad Collection, Santa Monica

Untitled, Sin Título, 1986.
Oleo sobre lienzo, 44 x 30 cm. Colección del artista

Untitled, Sin Título, 1987–1991.
Oleo sobre lienzo, 137 x 91 cm. Colección del artista

Untitled, Sin Título, 1990.

Oleo sobre lienzo, 46 x 46 cm. Colección del artista

Sherrie Levine

"Me gusta la repetibilidad propia de la escultura. Ahí está la referencia obvia a toda mercancía reproducida industrialmente; en cambio, también se puede pensar en ella en términos psicoanalíticos, teniendo en cuenta la compulsión de repetir".[18]

Aunque esta cita esté tomada de un comentario sobre *La Fortune – After Man Ray*, en la que seis mesas de billar idénticas entre sí reproducen y multiplican una imagen tomada del cuadro de Man Ray que tiene ese mismo título, el concepto de repetibilidad resulta igualmente apropiado a la serie de cuadros que titula *Deshacer. A la manera de Yves Klein* (Melt Down – After Yves Klein). El título proviene del uso que hace la artista de un ordenador que colabora en el proceso de deshacer la información acerca del empleo del color en una serie de cuadros modernistas. El resultado, por una parte, se aproxima a los experimentos con los colores "puros" realizados, en efecto, por Yves Klein.

Pese a todo, el hecho de que el arte de Levine esté siempre realizado "a la manera de" otro artista, no sólo pone en tela de juicio la propia idea de originalidad, sino también el concepto de la signatura individualizada. Y es que precisamente es esta adición final a la obra, esta especie de coda a su producción, lo que testimonia su originalidad, su valor como objeto "único". De todos modos, la individualidad de la obra se desprende del hecho de que bien puede adscribirse a la categoría genérica de la producción que indica la signatura del artista. Así queda asegurada su continuidad, por la constante presencia del artista. El concepto de "a la manera de" introduce una ruptura de dicha continuidad, convirtiéndola en algo ilusorio.

Para Levine, el acto de la creación se torna algo exactamente equivalente al de la repetición. Su constante reposición de artefactos se vuelve un acto compulsivo, pero no como las máquinas de la *Factory* de Warhol, sino con otro tipo de signatura: con un trazo que dice a las claras que la obra es algo único, no por su presencia dentro de una jerarquía rígidamente ordenada, sino debido a su atipicidad. El tema de que se ocupa Levine es la historia, una historia en la que el sujeto personal, determinado por el género, la raza, la clase y el punto de mira, muy frecuentemente se ha borrado. La obsesión de sus estrategias repetitivas apunta a una apertura, y no a una historización de dicho sistema.

(18) Sherrie Levine: "The Anxiety of Influence Head On, A Conversation Between Sherrie Levine and Jeanne Siegel", en Catálogo, 1991.

Melt Down (After Ives Klein: White), Deshacer (A la manera de Ives Klein: Blanco), 1991.
Oleo sobre caoba, 71 x 53 cm. Colección de la artista

Melt Down (After Ives Klein: Gold), Deshacer (A la manera de Ives Klein: Oro), 1991.
Oleo sobre caoba, 71 x 53 cm. Colección de la artista

Melt Down (After Ives Klein: Blue), Deshacer (A la manera de Ives Klein: Azul), 1991.
Óleo sobre caoba, 71 x 53 cm. Colección Ralph y Helyn Goldenberg, Chicago

Melt Down (After Ives Klein: Pink), Deshacer (A la manera de Ives Klein: Rosa), 1991.
Oleo sobre caoba, 71 x 53 cm. Colección de la artista

Melt Down (After Ives Klein: Orange), Deshacer (A la manera de Ives Klein: Naranja), 1991.
Oleo sobre caoba, 71 x 53 cm. Colección de la artista

Melt Down (After Ives Klein: Black), Deshacer (A la manera de Ives Klein: Negro), 1991.
Oleo sobre caoba, 71 x 53 cm. Colección de la artista

Michelangelo Pistoletto

"En la década de los cincuenta me vi obligado a buscar una vía de escape al callejón sin salida en que me encontraba: tuve que hallar una nueva dimensión que diera paso a una nueva vía. Cuando empecé a trabajar con los autorretratos, con objeto de encontrar a un hombre nuevo, de encontrarme a mí mismo, empecé a desplazar rotatoriamente el problema del fondo en que se hallaba dicho hombre. El trasfondo es, así, el espacio que desde el arte bizantino hasta la actualidad forma parte de nuestra vía, del camino que ha emprendido nuestra cultura."[19]

He aquí cinco cuadros. En cada uno de los primeros cuatro, el artista se enfrenta a sí mismo, tema y pintor, con las manos en los bolsillos, adoptando exactamente la misma pose. De una obra a otra, el fondo varía del linóleo, de la plata y el oro, al barniz. En la quinta de las obras, *Hombre visto de espaldas. El presente* (Man Seen from the Back – The Present) (1961), el artista, a la vez que tema del cuadro, contempla la superficie, dando la espalda al proscenio en que se encuentra el espectador.

De este modo nos nos encontramos con el opuesto diametral del deseo de Warhol por convertirse en una máquina: para Pistoletto, la relación existente entre proscenio y trasfondo, entre sujeto y objeto, entre espacio profundo y espacio casi superficial, no es sino una serie de dicotomías que representan un medio por el cual es posible trascender el espacio plano del cuadro. Lo que vemos en estos cuadros es una repetición que a su vez es un enigma, una repetición que a su vez es en realidad el desarrollo de un espacio que deviene a un tiempo representación perfecta y perfecta ilusión: el espacio del espejo. En definitiva, lo que aquí tenemos es una transformación completa de las coordenadas espaciales que determinan la regulación de nuestra mirada.

Así pues, en *Hombre visto de frente – El presente* (Uomo di Fronte – Il Presente), encontramos esa misma pose frontal, con la adición de una superficie altamente reflectante y las sombras de unas figuras a derecha e izquierda del sujeto del cuadro. Son simultáneamente lo que él ve (el espacio del estudio) y lo que vemos nosotros (el espacio del fondo cubierto de barniz). Al observar el autorretrato del artista, nos vemos literalmente proyectados al lienzo. Esto es más evidente si cabe en *Hombre visto de espaldas – El presente* (Uomo si Schiena – Il Presente), en donde la figura reconoce y calibra el espacio del cuadro en vez de la "realidad" que hay frente a él. Para Pistoletto, el lienzo es el lugar de la repetición incesante: sólo el espejo podrá romper la cadena y encontrar esa **"vía de escape al callejón sin salida"**.

(19) Michelangelo Pistoletto: "Continuum: The Painting as an Event", conversación con Germano Celant, en el Catálogo *Pistoletto: Division and Multiplication of the Mirror*, publicado por The Institute for Contemporary Art, P.S. 1 Museum, 1988.

Autoritratto Linoleum, Autorretrato Linóleo, 1959–60.
Oleo y acrílico sobre lienzo, 200 x 150 cm. Galería Giorgio Persano, Turín

Autoritratto Oro, Autorretrato Oro, 1960.
Oleo, acrílico y oro sobre lienzo, 200 x 150 cm. Colección del artista

Autoritratto Argento, Autorretrato Plata, 1960.
Oleo, acrílico y plata sobre madera, 200 x 200 cm. Colección del artista

Uomo di fronte – Il Presente, Hombre de Frente – El Presente, 1961.
Esmalte, acrílico y óleo sobre lienzo, 200 x 150 cm. Colección Romilda Bollati, Milán

Uomo di Schiena – Il Presente, Hombre de Espaldas – El Presente, 1961.
Esmalte, acrílico y óleo sobre lienzo, 200 x 150 cm. Colección Romilda Bollati, Milán

Texts in English

The deep and yet charmingly open personality of the city of Madrid is of necessity reflected in the numerous and diverse events programmed throughout 1992 to celebrate the year that this city is the Cultural Capital of Europe.

From this point of view, the exhibition **Repetition / Transformation** is a good example of that intention to become more open, gathering together a dozen artists of international prestige. Paintings by Tàpies, Warhol, Richter, Johns, Rauschenberg, Pistoletto, Agnes Martin, Mangold, Art & Language, Zaugg, McCollum and Levine are brought together around the subject of repetition and transformation, and show how the artistic capacity of each artist allows their images or subject of research to unfold without interruption through numerous works.

The Consorcio Madrid 92, that has already supported other historical and contemporary exhibitions during this year, is the point of departure for this project whose curator is Michael Tarantino. And doubtlessly without the support of the Museo Nacional Centro de Arte Reina Sofía as the receiving entity, this exhibition would have been quite different, since its very concept was linked from the very beginning to that particular space of such beautiful and peculiar characteristics.

José Mª Alvarez del Manzano
President of the Consorcio Madrid 92
Mayor of Madrid

The Consorcio Madrid 92 is proud to present the international art exhibition **Repetition / Transformation**. By undertaking the organisation, production and carrying out of this exhibition, the aim of the Consorcio is to add a basic idea to the events taking place to celebrate the year that Madrid is European Capital of Culture that embraces not just contemporary art, but an important sector of the art world, and a notable selection of artists.

The exhibition is situated around the concept of the repetition of a motif or a determined vision of art which frequently materialises in series´ of works, far removed from a subject that starts and finishes in itself without the possibility of continuity. It deals with an idea that extends from one painting to another in multiple divisions and elements of unity. It is therefore an act of artistic representation open to an adventure of transformations by which the specific or abstract image that emerges at the start is subject to mutations in the same way as a living being, in the same way as the genesis of thought itself. This attitude towards art can also be interpreted as a work method typical of the age in which we live now although it is also present in other moments of history and is perhaps inseparable from the act of creativity itself.

There are twelve artists included in the exhibition, coinciding with the number of rooms available in the Museo Nacional Centro de Arte Reina Sofía, whose director, María de Corral, has welcomed this project with enthusiasm. At the same time the curator of the exhibition, Michael Tarantino, has carried out a rigorous selection of works that represent a range of significant examples starting in the 1950´s and extending to the present day.

We conclude these words of presentation with our most sincere thanks to all those people whose valuable help has contributed to this enterprise of international interest. We are delighted to be able to lend our support to this project and to be able to count on the extraordinary spaces that form this country´s first National Museum of Contemporary Art.

Pablo López de Osaba
General Director
Consorcio Madrid 92

The Museo Nacional Centro de Arte Reina Sofía wanted to take part in the year that Madrid is European Capital of Culture by developing an important programme of exhibitions showing different aspects of art and different forms of approaching artistic creativity in the XX century. With this aim, shows based on a theme such as *Visionary Switzerland* or *Pop Art*, avant-garde artists such as *Popova* or *Clyfford Still*, Spanish artists such as *Millares*, *Carmen Laffont* or *Antonio López* and young creative artists such as *Robert Gober*, *Peter Halley* or *Rosemarie Trockel* have been presented.

On this occasion the Museum is pleased to host in its exhibition spaces a magnificant exhibition organised by the Consorcio Madrid 92, which completes perfectly our project for this event-filled year.

The series´ presented in the exhibition **Repetition / Transformation** represent the works of twelve artists that make up neither a group nor a generation, and yet by being brought together show some of the most forceful directions of contemporary art.

The Museo Nacional Centro de Arte Reina Sofía would like to congratulate both Aurora García, the Coordinador of Plastic Arts at the Consorcio and Michael Tarantino, the curator of the exhibition on this initiative that we are now presenting. We would also like to express our thanks to Pablo López de Osaba, the Director of the Consorcio Madrid 92 for the support and collaboration he has lent to all our activities.

María de Corral
Director of the Museo Nacional Centro de Arte Reina Sofía

The search for the lost repetition

Having abandoned the traditional illusion of representation, contemporary artistic language develops in a dynamism of repetitions and differences. Gilles Deleuze wrote that **"difference and repetition have taken the place of the identical and the negative, of identity and contradiction. A difference does not imply a negative, nor should it be taken to the extreme of contradiction except in the measure in which it continues to be submitted to the identical. The primate of identity, however conceived, defines the world of representation. However, modern thought is born both as a result of the disaster of representation as well as of the loss of identity and of the discovery of all the powers that act behind the representation of the identical. The modern world is the world of semblances".**

This text by Deleuze is quoted from his well-known essay *Difference and Repetition* in which artistic examples abound. This is quite common to most contemporary thought, particularly in the most recent French thinking influenced by structuralism. In fact, in any of the schools or methods of our secularized and modern society the concept of art as an independent language has allowed a practice and a critical interpretation of a formalistic nature. In this sense, the new classification of the arts developed by Lessing in his *Laocoonte*, in which he differentiates the arts of space and of time and makes their contents totally abstract, is a premature manifestation of what would subsequently become a general norm.

In reality, almost all the most outstanding contemporary aesthetics have persisted with that formalistic channel in the pursuit of the creation of a new science of the arts, from the theorists of the end of the last century – Fiedler, Hildebrandt, Wölfflin, etc.– to the representatives of Slav formalism, the so-called aesthetics of information, the Northamerican criticism of the postwar period, the structuralists, etc. The theoretical declarations of the avant-garde artists themselves in one way or another insist on the same channel, from Seurat to Mondrian, Klee..., as in fact do almost all the movements following the avant-garde tendencies after the second world war, except, to an extent, the movement of abstract expressionism.

What I am simply trying to evoke with these isolated facts is that the concept of the series, based on a dynamism of repetitions and differences, is inseparable from contemporary artistic language. It reacts against the Western artistic idea of representation that demanded the organisation of the space according to an ideal centre, codified by the system of the representation of perspective and made into the exemplary objective of the painting like a perfect microcosmos.

It is therefore logical that repetition is converted into a system of artistic significance characteristic of contemporary art from the very moment in which the system of perspectivist representation inherited from the Renaissance disappears. This is clearly manifest after the so-called post-impressionist art and particularly after Georges Seurat's work.

However, returning to the revolutionary system of classification of the arts initiated by Lessing, who, as we know, separated **the arts of space and of time**, thereby introducing the modern direction of formalism leading to the critical analysis of the discrimination of serials and repetition –**spacial arts dealt with the juxtapositioning of bodies and temporal arts dealt with the succesion of moments: the series of repeated bodies and the series of repeated actions**–, we can observe that he still treated the categories of space and time as metaphysical entities, like pre-existing entities. Only one more step forward remained before really reaching critical modernism: the conception of these categories as forms of representation. In this way, repetition never alters the object, only the observer, it isn't something that affects reality but rather our relationship with it: in effect, we perceive repetition in space thanks to time.

Repetition is inseparable from modern art, since in the end the modernisation of art is its temporalisation. Following this line of necessarily simplified explanations, I should also add that the classified concept of art is essentially spacial or intemporal, whereas the revolution of contemporary art is based precisely on its temporalisation, or, if you prefer, that imaginative contradiction through which reality is lived in a tension of expectatives like a line of successions or events. In this sense of foundation of reality that characterises us as modern, art acquires an exemplary symbolic value.

As far as everything else is concerned, the fact that the representation of light, nature's clock, has been the backbone of modernism in modern art from Caravaggio onwards and has obtained its plenitude in cinema, the infinite breakdown of images printed with light that create an illusion of reality thanks to animation or movement, the fact that an effect of reality is created that is alive and therefore changeable or differentiated thanks to the rapid succession of repeated series, all this is particularly significant.

Painting based on a motif, as understood by the genuine representative of impressionism, Monet, led to a serialisation: identical hayricks or cathedrals that are differentiated thanks to an illuminating repetition. Light permits infinite events, but also the atomic fragmentation of perceptions, thousands of dots that move in a strange sensation of corporal immobility.

However in contrast to the classical system of representation that did not permit any other difference than the one submitted to the principles of identity, opposition, analogy and likeness, thought and contemporary art have introduced what Deleuze terms as **the world of semblances**, about which he literally confirms that **the semblance is the system where differences are related to differences through the difference itself; they are deeply rooted in the nature of intensive qualities that communicate thanks to their differences...** The system of semblance confirms divergence and decentralisation; the only unity, the only grouping together, of all series is an informal example that covers all of them. No series enjoys more priviledges than others, or the identity of a model, or the likeness of a copy. None is either in contrast or similar to another. Each one is made up of differences, and communicates with the others through differences. The crowned anarchies substitute the hierarchies of representation; the nomadic distributions, substitute the sedentary distributions of representation.

Parodying the titles of two well-known essays on modern transformations of art, written respectively by Abrams and Arnheim, one could say that in effect in this case the mirror has been exchanged for a lamp, and on the other hand the centre has lost its strength. Divergent and decentralised, contemporary art does not allow us any other possibility for experience that that of deep intensity, of illumination.

The burning problem that stray and extravagant modern art presents us with is without question the knowledge of when a repetition is capable of transforming us, or, if you prefer, when a divergent series is founded on intensity and can therefore illuminate us, acquiring immediately the rank of artistic. The answer to this mystery should not be routine, since it is of necessity unpredictable, and although it is fortuitous it should not simply be arbitrary.

The answer to this question is probably not to be found except with a new *mise-en-scène* of the work, or as in this case, of the work as repetition-transformation, using the same title as the one chosen by Michael Tarantino, curator of the exhibition that this text acompanies. It is not up to me to explain the reasons, artists or works that Tarantino has worked with on this project, but I wouldn't like not to emphasize, following what I have already said before, that within the constant repetitiveness that is inseparable from contemporary art, the model of repetition produced since the 1960s possesses a particularly significant importance, when the objectualisation of pictorial work, of the image and of the identity-concept of art is constantly produced, before arriving at an art without attributes, the perfect semblance of reality. From the formalistic point of view, Rosalind Krauss's term **"a syntax of the double negative"** could be used for this art, but in this way or in the pure vertigo of irony, that black hole of modernism, thanks to the intensiveness, that conscience of the language that doubles reality without imitating it should be produced every time, transforming our perception, our conscience and our experience.

This transforming dramatisation of artistic repetition leads us to the unspeakable which is what always happens with love, through which we are continually confronted with possible worlds thanks to the supreme use of language. **It is the role of language according to implicit values or centre of involvement** – writes Deleuze – **which gives strength to the systems of interior resonance. The structure of the other and the corresponding function of language represent, in fact, the manifestation of the *nóumeno*, the ascent of expressive values, the tendency to interiorize the difference, in the last analysis.**

Francisco Calvo Serraller

Reality unfolds itself

The personal vision of an image, of any object, or of a particular time of day bathed in the characteristic light of that moment never implies a phenomenon of unanimous and untransferable interpretation, but rather quite the opposite. Reality presents aspects that are not exhausted in one perspective act and assemble together in other realities that are difficult to define with precision. The reality that the creator usually perceives is a kind of web of possibilities that intertwine, a complex and manifold fabric into which one can dip again and again without ever being able to extract all the energetic forces. Italo Calvino regarded the novel as a huge web, and at the same time disregarded the objections that arose regarding the risk for the writer that this conception could distance him from his "unicum". His view was **"What are we?. Is not each one of us made up of a combination of experiences, information, interpretations, imaginations? Each life is an enciclopedia, a library, a showcase of styles where everything merges continually and is rearranged in every possible way"**. (*Six Proposals for the next Millennium*).

The reality that the contemporary artist, freed of canons and precepts, usually experiences is none other than a complex mesh from which he pulls away the threads used to construct his other reality which is the work of art. However, going a step further than the traditional dichotomy between nature and artifice, we are inclined to consider these two genres of existence as the faces of the same coin. In this sense, any perception of reality is forcefully passed through the filter of the creator´s spirit and acquires its plastic form of appearance, and not as a faithful and unmistaken reflection of something that exists outside the artist. Perhaps life is basically this: an enormous collection of appearances in which to penetrate again and again discovering new profiles every step of the way.

One of the most revealing characteristics of art produced particularly during the second half of this century consists of the persistence in incorporating the notion of active time to a space that had traditionally been exempt from temporal and dynamic relationships and the unity and transformations that are implied. The "Live" condition of the cinematograph, for example, created a **"space-meaning"** (as Mukarovsky called it) through the succession of images based on a particular subject that coincided neither with real space nor illusionary space. This space, which unfolds in significant elements, corresponds to a time not only capable of successively representing simultaneous actions, but also of reversing to previous moments in time.

In this respect, we should not ignore the fact that a large number of contemporary works of art tend to situate themselves on that level of space-meaning that is closely linked to language, where what is appropriate is found in the unity of relationships that are generated by the different components of a same idea, constantly showing up the unfolding of a series, the notion of sequence, or even the plural number when actually undertaking a matter, with the knowledge that reality is polymorphous and should be seized from all sides. The sum of all these perspectives can perhaps introduce art to a world that is closer to the one in which we live, also made up of fragments and incoherences.

The repetition of a concrete or abstract matter in art never generates the same image. Only a copy can be identical. Repetition normally implies transformation, since actions that do not correspond to exactly the same time – the first time – that generated them end up differing in something. From this point of view it has been said that artists have practically created the same work all their lives. Yet it is clear that this is only the beginning of the matter and in other worlds confirms that the intention of these artists is none other than that of restricting themselves to a determined "something" throughout their existence, but that "something" can have very wide connotations, and can even constitute a vision of the world. We are reminded of Rothko: in the last years of the 1940´s he moved further and further away from the profile of objects and things and became definitively enclosed within a spacial illusionism full of spirituality that eventually made up a peculiar microcosmos.

The multiplicity of elements that make up language should follow a logical order that maintains the structure of meaning. In art and particularly in painting that order of presentation can either be present, or not, since the system to which the artist responds is characterized by its extraordinary flexibility, and it is even possible to develop a distorted presentation of works that correspond to the same idea, in this way establishing a free relationship between them with perhaps greater ambiguity. On the other hand the difference between art and literature or the written word, according to Barthes the writer, is to be found in the same way as the "bricolour", **"he only sees sense in inert objects by relating one to another"**, wheras the artist has the power to show his work without relying on those relationships that are necessary to literature. What we mean to say is that each painting, when not conceived in the strict sequence of a series or with the aim of creating a particular group that forms a single work, has the power to present itself like a self-sufficient organism despite the fact that chaotic aspects and various fragmentations can be observed.

In any case, the relationships dealt with are of another kind than those to be found in writing. As Arnheim pointed out in his *Visual Thinking*, the artist knows perfectly well that **"seeing means seeing in relation to; in fact the relationships found in what we perceive are not simple"**. The relationships used to mould or transmit through art are not either. Yet the artist has the priviledge to either choose between approaching certain conventional codes that function in other areas of communication or to separate himself from them entirely to develop his own language, a personal and untransferable language. In 1989 Agnes Martin said that **"one is inclined to think that the intellect is the origin of everything that is manufactured or made. One tends to think that everything that exists can be expressed in words... The reality is that our emotional life dominates our intellectual life without our realising it"**. One of the most important functions of art therefore consists in revealing those emotive components that are so difficult to express through other means of communication, components that form a mesh where elements of the subconscience that frequently cannot be transmitted following logical and conventional rules also abound.

The true artist, therefore, creates his own rules of the game, that easily do not coincide with the rules that are usually allowed. This is the great challenge. And, therefore, it is not strange that each individual artistic language revolves around itself in accordance with what in this exhibition we understand as Repetition/Transformation: the continuity of a work in other works, the demonstration that an idea does not exhaust itself in one piece, but can follow a genesis parallel to life, leading to a metamorphosis, to transformations whose point of departure is something quite concrete, without recurring to literal repetition, which, as we pointed out before is only produced in the area of the copy.

We should add that the contemporary work of art in general terms has freed itself of the heavy symbolic weight of religious filiation that placed emphasis on everything that was paradigmatic and exemplary, and led to closed and unquestionable visions of the world, in so doing sidestepping the individual aspects that corresponded to the artist as a creator, to his own universe perhaps full of contradictions, commotions and fragmentary visions. On the contrary, in the art of this century the creative process has been asserted more and more, its partial aspects over and above totality, the incomplete over and above the complete. Nietzsche had already made this observation in his *Human, too Human*: **"the complete produces a weakening effect"**

For this reason the philosopher prefers the incomplete expression of a thought through aphorisms, through brief and often incomplete assertions to which he can return again and again using different approaches.

In the exhibition Repetition/Transformation we can see how the artist or artists brought together follow a process in part parallel to the one we have just mentioned. Instead of exhausting all their resources on a particular subject in one single work –something which, on the other hand, is only arguably possible– they prefer to highlight how creation follows a steady process, a crescendo composed of fragments, of pieces that will probably never lead to an absolute whole, since that totality always remains open to new additions, to other complementary visions, to the extent in which the discovery of one aspect generates another possibility again. Only the artist, and not his possible objectives, can decide when and how his work is completed, exactly how far it should go, how to put the final full stop on a series or collection of works of material concomitances.

The twelve artists who come together in Repetition / Transformation portray different attitudes regarding the problem we are dealing with and which is widely spread in the production of contemporary art. It is not a question of dealing again and again with a subject that from the beginning had a fairly limited profile, as in the case of artists of the category of Tizian, for example, who throughout history produced multiple versions of Venus. This exhibition, with works from the second half of the 1950's up to the present day, presents something much more varied. The works by a Jasper Johns in full maturity are situated within a discourse on painting that evokes past and present in a process of bringing together of fragments that enter the terrain of self-reference, of reflection on the painter's own work and the role of the gaze, without forgetting the presence of time given to us in the image of a clock. Tàpies, on the other hand, is represented here with material works produced between 1955 and 1962, all of which are marked with a sign, a cross, a crosspiece or other variations that are not exhausted in this limited number of pieces, but in fact represent the "loit motiv" of the artist´s work as a whole. They are emblems that extend further than mere writing and that imply cosmogonic notes in an ambiguous and extraordinarily open code. Something similar can be said of Agnes Martin despite the huge differences between her and Tàpies. Martin´s work also suggests a very subjective vision of the universe, but reduced to straight lines, to uniform fields of colour, to the absence of images and the economy of material. Agnes Martin´s paintings are related to music and to a spiritual attitude which has suffered a marked process of depurification.

Andy Warhol and Gerard Richter coincide in the use of photography, but their methods and achievements are notably different. The collages in Warhol´s *Lenin* series portray colour variations of the same image, a frontal image of the Soviet author of treaties with his left arm resting on a book. The work deals with an internationally renown figure whose effigy has been subjected to different chemical treatments, and through cromatic changes in the laboratory and the intervention of the collage a polyfacetic and unusual vision is achieved. Richter, on the other hand, chooses for his point of departure a tragic event based on a group of nurses. His source of information as well as the material point of departure of his work is the press, what the newspapers publish, at the same time opening the way to such startling works, also initially constructed with photos, such as *18 October/1977*. But unlike Lenin the nurses are anonymous, they are not illustrious citizens. In this case a series of oils painted with detail and based on corresponding black and white photographs, although in fact their passions become blurred thanks to Richter´s habit of erasing what was initially a precise image.

Pistoletto´s self portraits are particularly relevant within the general context of his work since they mark the beginning of his complex and extensive work with mirrors. In 1983 we wrote that **"the first self-portraits were only a pretext, a vehicle through which, thanks to the knowledge of the self, he initiated a knowledge of and dialogue with others, which equally would become transferred into creative material..."**. By using a brilliant and uniform background as the base for his work, the artist found that aside from the figure painted directly onto the work his own image was also reflected in it. In this way Pistoletto became introduced to a spacial illusionism that added a new dimension to art and which he continually makes use of using polished steel and photographic serie as his supports.

The works by Art & Language entitled *Incident in a Museum* speak for themselves in relation to other kinds of illusionism; they correspond to the lay-out of art in exhibition centres. Presented as works within works, they encourage a reflection on the space by considering the relatioship between container and content. Yet while Art & Language appear to surge ahead with a discourse on the singular properties of the work of art, with *Surrogates* Allan McCollum presents a tonic of uniformity which is only distorted by the different formats of the paintings.

These *Surrogates* on a black background lead us to inquire about authentic originals, about the absence and value of a multitude of images that we have never seen or that perhaps are dormant in our memory. They portray in totally minimal metalanguage in code – despite the proliferation of formats – the role played by painting. We should also situate Sherrie Levine´s work on metalinguistic terms since in this particular case he develops a discourse on Yves Klein´s work on monocromes. *Melt down: After Yves Klein*, make up a series from 1991 which, like other works by the artist, is based on the idea of appropriation, only that in this case Levine uses varied means to restudy the meaning of some of the most relevant contemporary artists.

Nightshade by Robert Rauschenberg is also dated 1991. These works on an aluminium support with acrylic paint are finished with gestual strokes in different directions that contribute to highlight more clearly the irregular medium from which the images arise. They look like visions in dark and light that clash not only with the world of desire but also with the world of nightmares. In contrast to McCollum and Levine´s rational and meticulous attitude, here we enter a chaotic sphere that is linked to the subconscience, but these shadows possess an unusual energy and dynamism that suggest an infinite number of aspects of life today.

The ellipse works by Robert Mangold that are included in the exhibition deal with irregularity within regularity, and are situated in a plane of clear geometrical references where what most interests the artist is probably the representation of what is found at the limit, the moment preceding transgression. The ellipses compose a nucleus that seems to restrain the angles of different natures that compose the supports, in which the interweaving of colour that shoots out towards the edges places emphasis on a sensation of flight.

To conclude these brief observations on the works brought together in the exhibition Repetition/Transformation we are briefly going to refer to the work that practically fills the artistic life of Rémy Zaugg, entitled *A sheet of Paper*. As Reiner Borgemeister wrote in the catalogue for Berlin and Antwerp in 1990, Remy Zaugg, refers to these works as a **"novel"** based on the history of modern painting. According to Borgemeister it is a work of **"systemisation"** divided into several chapters. An occupation of conceptual nature where the aesthetic pleasure of painting is also present in a refined combination that converts writing into a basic element. Memory and text substitute image even when they refer us to Cezanne´s *La maison du pendu*.

Aurora García

Repetition/Transformation

"Ingres, we could say, was a trafficker in the copy, producing version after version of essentially the same picture, sometimes exactly the same picture. Critics of Ingres, like Théophile Silvestre, sneered at this practice, saying, 'M. Ingres has passed his life as much in repeating the same forms as in insidiously combining the most famous traditional types with the living models'. And even Ingres, narcissistic and defensive as he notoriously was, admitted that perhaps, 'I reproduce my own compositions too often'."[1]

"Repetition gives a physical reality to experience. To repeat, to try again, over again towards perfection."[2]

In Michel Foucaults's *The Archaeology of Knowledge*, he writes: **"History now organizes the document, divides it up, distributes it, orders it, arranges it in levels, establishes it in series, distinguishes between what is relevant and what is not, discovers unities, describes relations".**[3] What Foucault is establishing is an inventory of knowledge, a catalogue of approaches that one may take in order to know a particular subject. And, more frequently than not, the path towards this knowledge is through the process of repetition, the establishment of a system.

The exhibition, "Repetition/Transformation", seeks to explore the development of these systems as they apply to the act of painting. Twelve artists are represented by a selection of works that are either designated as series or united by a particular formal or thematic approach. Whether the works within each series are united because of subject matter –Gerhard Richter's *Acht Lernschwerstern* (Eight Student Nurses), portraits or Andy Warhol's *Lenin* series–, formal strategies –Agnes Martin's use of the horizontal line or Robert Mangold's *Ellipses*– or an emphasis on the process of painting itself –Remy Zaugg's *A Sheet of Paper* or Sherrie Levine's *Melt Down*–, each painting, both individually and as part of the larger series, may be seen in a context through which the artist refines, develops and articulates concerns with repetition and multiplication as part of an overall progression towards a system.

Thus, in Warhol's Lenin portraits, the filtering of color effects produces subtle changes of character which mirror the fluctuations of history. In Zaugg's *A Sheet of Paper*, the constant attempts at pictorial description lead to a series of paintings that seem both obsessive and pointedly direct. Throughout the individual series, from Tàpies' reworking of the cross in a group of works from 1956-61 to the recent works by Jasper Johns, in which compositional effects iniciate a series of variations upon the double frame, it is the paradoxical relationship between similarity and change which allows for the process of transformation to be represented.

Of course, the exhibition is not an exhaustive look at the nature of repetition, nor is it an attempt to isolate twelve artists' practice as being in any way more representative of this activity than others. It is, rather, an attempt to examine the paradoxical notion of repetition, in the act of reversing itself by positing a kind of synthesis of equivalence. Through an investigation of particular series, and through an investigation of different types of approaches, one may, for example, realize the space that exists between Warhol's desire to become an objective machine and Pistoletto's subjective paintings which would lead him to the multiple approaches of the mirror. Repetition as expansion and reduction.

In fact, no exhibition on repetition could be "complete", neither with regards to painting nor to any other activity: one could consider the date paintings of On Kawara, the narrative style of Borges or Calvino, musical styles from trance music to techno-pop, the circular form of most narrative films, etc. Repetition (and the accompanying transformation) is perhaps the most important structural device for all of these examples of representation. In order to build an exhibition around this phenomenon, one must be even more restrictive than usual. In this case, the choice of twelve artists was dictated by the exhibition space, i.e. one artist, represented by a selection from one series, in each gallery. These works, however, are not merely examples of "repetitive" work: they are selected for the way in which they make one conscious of the repeated character at the core of the work, where the repetition is used as the express means of conditioning (and opening) the viewer's look.

"As always, as a guitarist David Gedge (of the band Wedding Present) seeks that far-away margin where repetition doesn't repeat but doubles back on itself, when sound turns into a snake, swallows its own tail, and comes out the other end, the listener still looking in the wrong direction."[4]

It is, finally, this doubling back upon itself which distinguishes the works chosen for this exhibition. The trajectory of the installation is meant to delineate the various means of turning the spectator around, of inducing change through an awareness of repetition. The installation is set up to explore the ramifications of this circuit, setting up various confrontations within it: Martin's persistent combination of minimalism and variation vs Art & Language's position outside of the modernist machine; the contextualisation that marks Levine's and McCollum's monochromes; the doubling that marks Richter's portraits and Rauschenberg's *Nightshade* paintings, etc. "To try again, over and over again"... perhaps not towards perfection, but towards a context in which repetition sustains the continuity of work.

Michael Tarantino

Andy Warhol

"The reason I'm painting this way is that I want to be a machine, and I feel that whatever I do and do machine-like is what I want to do."[5]

In addition to the Lenins, the dollars, the Marilyns, the green stamps, the coke bottles, the soup cans or the disasters, even Warhol's manner of speaking, a cross between conversation and monologue, seems based on repetition. **"Whatever I do and do machine-like is what I want to do".** Repetition and multiplication turn the phrase into a kind of nonsense, in which the more it is said, the more obvious (and the more obtuse) it seems. So it goes with the images, a virtual parade of subjects which had already been relegated to the banal because of their overmediatisation.

In the *Lenin* series, each portrait of this historical figure, now, as then, open to a continual re-interpretation, is filtered through changes in color and composition. Like the historical process, Warhol's images are a product of both memory and forgetting. Iconographically, each era has its own Lenin, and this tradition of the recognizable image is crucial to the artist's subsequent transformations. In the end, Warhol's desire to become a machine seems paradoxical: it is the distance from the subject which distinguishes the work.

Warhol is making history paintings of a very different type than David or Géricault. Far from fixing an event or a personage in time, he fixes the time in the subject. His portraits of Lenin or Jackie Kennedy are attempts to see how these subjects are seen. This painting machine is thus an appoximation of a generalized subjectivity. The portrait, the political leader, the mass media symbol: each method of seeing is combined in order to produce a labyrinthine set of shifting coordinates.

Allan McCollum

"Repetition is one of those devices used a lot in the maintaining of power relations. It is a device used by religions everywhere, and by the military too, to construct a hypnotic spectacle. Repetition is a kind of meaning in itself. Possibly it is the language of power par excellence."[6]

In one sense, Allan McCollum's *Surrogates* may be read as a putting into practice of a "hypnotic spectacle". Although the size of each work may vary, they convey an immediate sense of numerical excess. The sheer quantity of works, like the counting and the fixed look used to induce hypnosis, produce a mechanical notion of painting that is, however, far from what Warhol had in mind.

Like Sherrie Levine's *Melt Down* series, McCollum's *Surrogates* must also be seen in the context of originality and the unique. Yet, the mutability that characterizes the way the latter works are installed (a single line; scattershot on a wall: black against a white background; various colors together, the frame the same color as the interior) also connotes a kind of theatricality: a way in which the space of the exhibition is redefined through a veritable virus of effects. McCollum's work seems, therefore, to stretch towards infinity: repetition, like the division of space, knows no boundaries.

Because of their sameness, these works are most effectively situated within the context of mass production. Like McCollum's *Perfect Vehicles*, each seems to generate another. As a series of works, they will never be closed, since that would imply a last and final work, a singularity of objects that is belied by each arrangement. For Warhol, the use of the term, "factory", stood for an assembly line production that merely seemed to hint at the impersonal. For McCollum, the reference to the factory and a particular mode of production produces the opposite effect. **"The subject of the work is not painting per se, but rather those human wishes and desires which are mediated and deferred through the various rituals of making art, viewing art, buying and selling art, etc., and for which the art-object itself may be seen as merely a token..."**[7]

Art & Language

"I think you try to integrate the text into a plausible space within the picture. You tend to read a line, then your eye strays off in order to set it spatially somewhere. You constantly try to readjust the text in a non-reading way. You cannot read and look at a scene simultaneously. Your attention is split, rendering you, so to speak, both verbally and visually dyslexic."[8]

Although Michael Baldwin is talking about the series entitled *Hostages*, his reference to dyslexia seems particularly appropriate when applied to Art & Language's approach to painting as a particular determined field of endeavor. In the Collins English Dictionary we find the "nontechnical name" of dyslexia given as "word blindness". The notion of "blindness", which is also crucial to the work of Rémy Zaugg, is integral to the series, *Index: Incident in a Museum*, where an inventory of determinants are foregrounded: historical, social, aesthetic, architectural and economic. Normally, in the act of painting and the subsequent act of reception or criticism, these determinants are effaced. The result is a willful blindness, an illicit pact between artist, museum and spectator.

As a series, *Index: Incident in a Museum* seems to simultaneously project both connotative and denotative elements. If this produces dyslexia, a form of not seeing, it is precisely because of the ways in which the artists transform the "givens" through the process of doubling and repetition. In situating the paintings in the context of Marcel Breuer's Whitney Museum of American Art, the artists have chosen one of the most visible symbols of modernism. As a result, their breaking down of perspective is not only related to the space inside the painting: it refers to the institutional frame as well. The space of the museum, where perspective works to isolate and condition our view, is turned inside out, to produce a Pandora's box of signifiers.

Agnes Martin

"When we go into a forest, we do not see the fallen rotting trees. We are inspired by a multitude of uprising trees."[9]

In a sense, all of Agnes Martin's work is an attempt to see the forest for the trees. In the consistent reworking of a series of basic elements, she arrives at a point where movement seems primary: a movement that is simultaneously intellectual and physical and which unites both artist and viewer in the process.

Take two of Martin's variables: line and color. Each application only makes sense when put into context: the distance between two lines; the juxtaposition of different shades; the grid-like multiplication that results from the combination of lines; verticality vs horizontality; etc. Her paintings repeatedly hint at the achievement and the impossibility of perfection. Only through the reworking, the continuation of this process which informs one work through another, does the series "advance".

Thus Martin's paintings, always the same square dimensions, are intricately involved with repetition, both in terms of subject matter and with regards to the process which links one work with another. A comparison of any two works dispels the notion, however, that the paintings are, in any way, copies of each other. Their sublimity rests in the way in which they use recognizability and familiarity as a means by which we are encouraged to look again. Herein lies the "movement" of Martin's paintings: the ongoing contextualization and passage from one state to another. The forest always remains to be seen.

Gerhard Richter

"I first paint an exact rendition of the photo, sometimes more realistic than the model. That's possible with a little experience. What transpires is naturally an intolerable picture in every respect."[10]

Perhaps what is not "tolerable" in Richter's paintings after photographs is his combination of the specific and the general, the exact and the ambiguous. Given the possibility of making an exact duplicate of his model, he chooses to blur the distinction, thus rupturing not only the passage from photography to painting, but the earlier coincidence between subject and photograph. Each link in what seems like a chain of events is broken.

In *Acht Lernschwestern* (Eight Student Nurses) (1966) Richter uses the photographic blur or state of being out of focus as a means of achieving the intolerable. Taking a thoroughly banal, yet highly mediatized set of images –the nurses were all victims of a mass murder– the artist turns these snapshots into a gallery of shadowy forms, where the very attempt at definition seems to escape us. Their definition is sacrificed through the purposeful integration of a "mistake" (the blurring).

Through a constant reworking of the painting, one ends up with a negation of the notion of portraiture, whether through photography or painting. The result is a series of paintings more about the idea of a set of randomly united individuals than about eight figures. Like candles, public figures or landscapes, they are a subject for Richter: nothing more, nothing less.

Richter's repetition, his taking of the photographic image to the limit of representation, rehearses the way for abstraction. At the same time, however, his concern with figuration continues, negating any notion of "progression" or "linearity" between abstract and representational painting. In order to see these images, we require distance. Like the aerial views of the city in the *Stadtbild* series, the further the distance, the further our perception travels from the original subject. We see the object, person or view in the course of repetition, in the course of change.

Robert Rauschenberg

"It's possible that I discovered my originality through a series of self-imposed detours."[11]

White Painting (1951) is a set of seven canvasses covered with house paint and placed side by side. As an example of repetition, of similarity and of the generative qualities of the object, it is a paradigm of all of Robert Rauschenberg's work. Yet, it is important to note that the title of the work is singular and implies that these identical panels are equal parts of a one work. At a glance, "White Painting" demands that we see it in the midst of the processes of synthesis and dissolution.

Rauschenberg's "metal paintings", with their combination of diverse materials and processes and their encyclopedia of images seem to be the antithesis of an austere work like *White Painting*. Skyscrapers, cars, chairs, images of antiquity, splotches of paint, images cropped from newspapers, x-rays: each image, despite its difference from the other, remains a function of them. Rauschenberg's silkscreens and assemblages seem to be constant "detours", in which the purpose of "combine" is to recontextualize and redefine.

The transformative montage that characterizes Rauschenberg's work may also be seen in the light of the museum and its role as collector and site of preservation. **"Rauschenberg had moved definitively from techniques of *production* (combines, assemblages) to techniques of *reproduction* (silkscreens, transfer drawings). And it is that move that requires us to think of Rauschenberg's art as postmodernist. Through reproductive technology postmodernist art dispenses with the aura... Notions of originality, authenticity, and presence, essential to the ordered discourse of the museum, are undermined."**[12] For Rauschenberg, multiplication, whether in the identical panels of *White Painting* or the chaotic combinations that would characterize the later work, is, like Mangold's obsessive geometry, a negation of the notions of both progress and process.

Rémy Zaugg

"This enquiry (*A Sheet of Paper*) turns around a single, central point, revolving tirelessly around that center and threatening always to engulf it. Circling about it with the persistence of the electron spinning round its nucleus, it is certain in the belief that it is precisely there, at that point, that locus –perhaps no bigger than a pinhead– that it will eventually discover the gateway to a world, will eventually meet the men, who correspond to the world and the men of which, today, I have no more than a dim intuition. Perhaps it is a mythical gateway, and that world and those men are also mythical?"[13]

A Sheet of Paper is situated between an analysis of perception and the act of painting. It may be seen as an endless permutation of works, wherein each painting, each point of view, implies another. Taking Paul Cézanne's *La Maison du pendu* (1873) as a starting point, Zaugg constructs a work, possibly a lifework, around the possibilities of realizing the myriad number of ramifications that affect the relationship between artist, subject and viewer.

Beginning with the application of brown paint on paper and ending with an overloaded encrustation of the painted surface with text, Zaugg fashions a labyrinthine passage. Throughout, one is conscious of the additive quality of these works, always tied to the realization of process.

Zaugg uses color as both subject and object in these paintings to emphasize the inherent quality of repetition. For the spectator, faced with the series, the experience becomes hallucinatory, as painting itself is marked as a single experience, a single work. It both reinforces and contradicts the notion of difference. In seeing these works exhibited together, one is struck by the characteristics they have in common: materials, color and size. Yet, it is the multiplication of these elements that produces the ultimate division: on closer inspection, we realize that the differences are enormous. Like the simplicity that is implied in the title, *A Sheet of Paper*, the paintings render illusory the concept of seeing. Utilizing both painterly and literary strategies, Zaugg's implication of a basic starting point is the ultimate illusion.

Robert Mangold

"I don't particularly like the term 'painting', because I think it does put the emphasis on this old idea of process, or applying paint."[14]

In the Collins English Dictionary, we find the word, "geometry" defined as: "the branch of mathematics concerned with the properties, relationships and measurement of points, lines, curves and surfaces". Robert Mangold's investigation of the limits of the frame its relationship to various forms maybe seen as a kind of geometrical repetition. If the forms, such as ellipses, rectangles or straight lines remain the same, their disposition and contextualisation is constantly shifting. What would normally be seen as the result of process is, instead, an obsessive starting from zero. The variation in Mangold's work is as much a result of reversal as it is progression.

Mangold's use of titles indicates a concern with precise description that, on one level, seems the opposite of process: *Irregular Red Orange Area with a Drawn Ellipse, Red Ellipse/Red Frame, Green Tilted Ellipse/Gray Frame*, etc. Part of this regularity of naming is a belief that forms, in themselves, are stable and repeatable. In the Ellipse paintings, in particular, the closed form which has a standard equation remains constant. Yet, by situating them in irregularly shaped areas, with variants in color and scale, Mangold puts geometry into play, initiating a very different type of process from the one he refers to above. It is not the physical, meticulous process of applying paint to canvas. Rather, it is the movement and interaction of forms themselves, the step after the application of paint.

Antoni Tàpies

"The letter X is also important in my work. It has a lot of meanings and communicates a lot of different ideas. X can be a sign of mystery and of the unknown. It can be a way of crossing out something, eliminating it, and it can be a signal that draws the viewer's eye to a particular place in the painting. Sometimes, I have unconsciously used Xs and crosses because I realized that they gave a special strength to the painting I was working on. They are very simple signs but they are so filled with ideas and age-old symbolism that even just placing them in a corner of a canvas gives a painting a curious sort of strength."[15]

For Tàpies, the symbol X may be read in a variety of ways: as a letter referring to language; as negation; as a cross, with all of its myriad significations; as a reference to the human figure, etc. In addition, the formal similarities between the letters X an T are often brought into play, pushing the figure in another direction. In each manifestation, however, the artist uses our familiarity with the form in order to, as Victor Shklovsky used the term, **"defamiliarize"**[16] it and thus distance us from any accepted, fixed, interpretation.

In fact, the term "series" seems particularly inappropriate for Tàpies, as it implies a set period of time during which a group of concerns may be worked out. For Tàpies, that period may extend more accurately to his entire career, as materials, subjects and forms consistently resurface. In the works chosen for this exhibition, one may see an example of how he uses the cross in a way which is both familiar and expansive. For Tàpies, the process of multiplication seems to coexist with subtraction. Each work deals with symbols in a way that makes them both precise and variable.

Whether the X/cross/T is given an almost parenthetical positioning, as in *Pintura. Num. XXV* (1956) or *Pintura* (1955) or whether it becomes the veritable subject of the painting, as in *Ocre-gris sobre marró* (1962) or *Superficie grisa rosada amb traços negres* (1962), Tàpies always makes us aware of the symbol's mutability. Nowhere is this more apparent than in *Quatre quadrats grisos sobre marró* (1959), where the four elements on the corners of the canvas reveal a dark, empty space in between. The resultant cross seems neither here nor there, an invisible subject whose simplicity belies its dominance of the spatial field. This is the "curious sort of strength" that is the product of Tàpies' repetitive strategies: we recognize what we see, yet intuit the presence of difference.

Jasper Johns

Katrina Martin: **"How do you get an image where there wasn't an image?"**

Jasper Johns: **"Well, this comes from a thought, basically... The thought has certain implications, and then if you try to deal with the implications, you have to do a certain amount of work... I'm always interested in the physical form of whatever I'm doing and often repeat an image in another physical form just to see what happens, what the difference is. And to see what it is that connects them and what it is that separates them. Because the experience of one is rarely the experience of the other..."**[17]

Whether we are talking about the stripes in the American flag, the visual representation of the mental process of counting or the geographical division of a country into particular areas, Jasper Johns' paintings have consistently taken subjects whose very form incorporates the process of repetition.

In the series of works in this exhibition, all untitled, a number of elements keep resurfacing and shifting ground. The two primary iconographical elements in the works are the watch band and the eye. Five of the works feature a frame within a frame, in which the disposition of these objects are played out. More often than not, the eyes are found along the edges or corners of the paintings, while the watch is elongated.

One is tempted to see these objects as references to the determinants of painting, i.e. time and space. Yet, on another level, seen within the doubling of the frame, of the pictorial space, they connote a kind of meta-process, where seeing and measuring are turned back upon the viewer. Faced with paintings so clear and yet so hermetic, the viewer counts on repetition as the key to reading them. However, like the similarity which characterizes Zaugg's *A Sheet of Paper*, our recognition of elements serves merely to emphasize the difference, the individual experience. Like the combination of finite numbers which produce infinitely greater sums, Johns' manipulation of these objects in space points to a wealth of possibilities, both looking back to previous work and forward to the work to come.

Sherrie Levine

"I like the repeatability of sculpture. There's the obvious reference to the industrially reproduced commodity. But you can also think in terms of psychoanalysis and the compulsion to repeat."[18]

Although this quote is taken from a discussion of *La Fortune – After Man Ray*, in which six identical billiard tables reproduce and multiply an image from the Man Ray painting of the same name, the concept of repeatability is just as appropriate to Levine's *Melt Down – After Yves Klein* series of paintings. The title comes from the artist's use of a computer to assist in "melting down" information about the use of color in a series of modernist paintings. The result, is thus a concious, approximates the "pure" color experiments of Yves Klein.

Yet, the fact that Levine's art is always "after" someone else not only calls into question the general concept of originality, but of the individualised signature as well. For it is this final addition to the work, a kind of coda to the production, which testifies to its originality, its value as a "unique" object. The individuality of the work derives from the fact that it may be joined to the overall category of production indicated by the artist's signature. Thus is the continuity assured, the constant presence of the artist. The concept of "after" ruptures that continuity, rendering it illusory.

For Levine, the act of creation becomes equal to that of repetition. Her repositioning of artifacts becomes a compulsive act, not like the machines of Warhol's Factory, but with another kind of signature: one that says that the work is unique, not because of its presence within a rigidly ordered hierarchy, but because of its atypicality. For Levine's subject is history, one in which the personal subject, determined by gender, race, class and vantage point, is too often effaced. The obsessiveness of her repetitive strategy points to an opening, rather than a historicization, of that system.

Michelangelo Pistoletto

"In the 1950's, I had to get out of the impasse, I had to find a new dimension that would open up to a new route. When I began working with self-portraits in order to find the new man, myself, I began to rotate the problem of the background within that man. The background, which is then the space that, from the Byzantines to the present, is part of our route, the route of our culture."[19]

The are five paintings. In each of the first four, the artist faces himself, subject and painter, hands in his pockets, taking up exactly the same pose. From work to work, the background varies from linoleum, silver, gold to varnish. In the fifth work. *Uomo di Schiena – Il Presente* (Man Seen from the Back – The Present) (1961), the artist/suject is looking into the surface of the painting, turning background into foreground.

Here we have the opposite of Warhol's desire to be a machine: for Pistoletto, the relationship between foreground and background, subject and object, deep and shallow space are a series of dichotomies which represent a means of transcending the flat space of the canvas. What we see in these paintings is a repetition which is an enigma, a repetition which is actually a development of a space which becomes both the perfect representation and the perfect illusion: the space of the mirror. Ultimately, what we have is a complete transformation of the spatial coordinates that determine the regulation of our gaze.

Thus, in *Uomo di fronte – Il Presente* (Man Seen from the Front – the Present), we find the same frontal pose, with the addition of a highly reflective surface and the shadows of figures to the left and right of the subject. They are simultaneously what he sees (the space of the studio) and what we see (thc space of the varnish background). Looking at the artist's self portrait, we are literally projected into the canvas. This becomes even more apparent in *Uomo di Schiema – Il Presente* "Man Seen from the Back – The Present), where the figure acknowledges the space of the painting rather than the "reality" in front of it. For Pistoletto, the canvas is the site of unremitting repetition: only the mirror can break the chain and find the way **"out of the impasse"**.

Notes

(1) Rosalind Krauss: "Originality as Repetition". *October* 37 Summer, 1986, p. 36-37. Silvestre and Ingres quotes taken from *Ingres in Pursuit of Perfection*, by Patricia Condon, J.B. Speed Art Museum, Louisville, Kentucky, 1983.

(2) Louise Bourgeois: "I Am a Woman With No Secrets: Statements by Louise Bourgeois", *Parkett*, 27, 1991, p. 44.

(3) Michel Foucault, *The Archaeology of Knowledge*, Trans. by A.M. Sheridan Smith, Pantheon Books, N.Y., 1972.

(4) Griel Marcus: "Top Ten", *Artforum*, April, 1992, Vol. XXX, No. 8.

(5) Andy Warhol: "What Is Pop-Art? Answers from 8 Painters, Part I", by G.R. Swenson, *Artnews*, 62, November, 1963.

(6) Allan McCollum: "An Interview with Allan McCollum", by D.A. Robbins, *Arts Magazine*, October, 1985.

(7) Allan McCollum: Artist's statement from Stedelijk Van Abbemuseum Catalog, 1989. Eindhoven.

(8) Michael Baldwin: "A Conversation in the Studio About Painting: An Extract from an Interview with Art & Language", by David Batchelor. *Art & Language: Hostages XV - LXXVI*, Catalogue, 1991.

(9) Agnes Martin: "Beauty is the Mystery of Life", Lecture given in April, 1989 at the Museum of Fine Arts, Santa Fe, New Mexico. Reprinted in catalogue, *Agnes Martin: Paintings and Drawings*, 1991.

(10) Gerhard Richter: "Gerhard Richter/Jan Thorn-Prikker: Ruminations on the October 18, 1977 Cycle", *Parkett*, 19, 1989.

(11) Robert Rauschenberg: *Off the Wall: Robert Rauschenberg and the Art World of Our Time*, by Calvin Tomkins, Penguin Books, 1980.

(12) Douglas Crimp: "On the Museum's Ruins", *October*, 13, Summer, 1980.

(13) Rémy Zaugg: *A Sheet of Paper*, Catalogue published by Van Abbemuseum, Eindhoven, 1984.

(14) Robert Mangold: Quoted in Catalogue *Works on Paper*, published by Annemarie Verna Galerie, Zurich and Galerie Meert Rihoux, Bruxelles, 1988.

(15) Antoni Tàpies: "Conversations with Antoni Tàpies (1985-1991)" by Manuel J. Borja-Villel. From *Comunicació sobre el mur*, Catalogue published by Fundació Antoni Tàpies, Barcelona, 1992.

(16) Victor Shklovsky: *Russian Formalist Criticism*, University of Nebraska Press, 1965.

(17) Jasper Johns: "An Interview with Jasper Johns about Silkscreening" by Katrina Martin. Catalogue published by Isy Brachot, Brussels, 1991.

(18) Sherrie Levine: "The Anxiety of Influence-Head On", A Conversation between Sherrie Levine and Jeanne Siegel, Catalogue, 1991.

(19) Michelangelo Pistoletto: "Continuum: The Painting as an Event", conversation with Germano Celant. From the catalogue, *Pistoletto: Division and Multiplication of the Mirror*, published by The Institute for Contemporary Art, P.S. I Museum, 1988.

Exposiciones individuales

Andy Warhol

1954
Loft Gallery, Nueva York
1956
Bodley Gallery, Nueva York
1957
Bodley Gallery, Nueva York
1959
Bodley Gallery, Nueva York
1962
Ferus Gallery, Los Angeles
Stable Gallery, Nueva York
1963
Ferus Gallery, Los Angeles
1964
Galerie Ileana Sonnabend, París
Stable Gallery, Nueva York
Leo Castelli Gallery, Nueva York
1965
Galerie Ileana Sonnabend, París
Galería Rubbers, Buenos Aires
Jerrold Morris International Gallery, Toronto
Institute of Contemporary Art of the University of Pennsylvania, Filadelfia
Gian Enzo Sperone, Turín
1966
Institute of Contemporary Art, Boston
Gian Enzo Sperone, Turín
Leo Castelli Gallery, Nueva York
Contemporary Arts Center, Cincinnati
Institute of Contemporary Art, Boston
Ferus Gallery, Los Angeles
Galerie Rudolf Zwirner, Colonia
Galerie Ileana Sonnabend, París
Kunstkabinett Hans Neuendorf, Hamburgo
1968
Moderna Museet, Estocolmo
Stedelijk Museum, Amsterdam
Kunsthalle, Berna
Kunstnernes Hus, Oslo
Rowan Gallery, Londres
1969
National–galerie and Deutsche Gesellschaft für Bildende Kunst, Berlín
Castelli/Whitney Graphics, Nueva York
1970
Pasadena Art Museum
Museum of Contemporary Art, Chicago
Stedelijk Van Abbe Museum, Eindhoven
Musée d'Art Moderne de la Ville de Paris, París
Tate Gallery, Londres
Whitney Museum of American Art, Nueva York
1971
Cenobio–Visualita, Milán
Gotham Book Mart Gallery, Nueva York

Museum Haus Lange, Krefeld
Musée d'Art Moderne de la Ville de Paris, París
1972
Kunstmuseum Basel, Basilea
Modern Art Agency, Nápoles
Walker Art Center, Minneapolis (films)
1973
John Berggruen Gallery, San Francisco
New Gallery, Cleveland
Irving Blum Gallery, Los Angeles
1974
Musée Galliera, París
Milwaukee Art Museum
Max Protetch Gallery, Washington, DC
Museo de Arte Moderno, Bogotá
Galerie Ileana Sonnabend, París
Jared Sable Gallery, Toronto
Mayor Gallery, Londres
1975
Margo Leavin Gallery, Los Angeles
The Baltimore Museum of Art
Locksley Shea Gallery, Minneapolis
Romani Adami, Roma
Max Protetch Gallery, Washington DC
1976
Württembergischer Kunstverein, Stuttgart
Städtische Kunsthalle, Düsseldorf
Kunsthalle, Bremen
Städtische Galerie im Lenbachhaus, Munich
Haus am Waldsee, Berlín
Museum Moderner Kunst. Museum des 20. Jahrhunderts, Viena
Kunstmuseum, Lucerna
Arno Schefler, Nueva York
Coe Kerr Gallery, Nueva York
Mayor Gallery, Londres
Centro Internazionale di Sperimentazioni Artistiche Marie–Louise Jeanneret, Boissano
1977
Pyramid Galleries, Washington
Galerie Daniel Templon, París
Museum Folkwang, Essen
Musée d'Art et d'Histoire, Ginebra
Coe Kerr Gallery, Nueva York
Sable–Castelli Gallery, Toronto
Heiner Friedrich Gallery, Colonia
Leo Castelli Gallery, Nueva York
1978
Virginia Museum of Fine Arts, Richmond
University Gallery, Dallas
Kunsthaus, Zurich
Institute of Contemporary Art, Londres
Ace Gallery, Venice, California
Lousiana Museum, Humlebaek, Dinamarca
Blum Helman Gallery, Nueva York
1979
Heiner Friedrich Gallery, Nueva York
Massimo Valsecchi, Milán
Ace Gallery, Vancouver
Wadsworth Atheneum, Hartford
University Art Museum, University of California, Berkeley
Arts Gallery, Baltimore
Whitney Museum of American Art, Nueva York
1980
Boehm Gallery, Palomar College, San Marcos, California
Lucio Amelio Gallery, Nápoles
Bruno Bischofberger Gallery, Zurich
Centre d'Art Contemporain, Ginebra
Museum Ludwig, Colonia
Stedelijk Museum, Amsterdam
Lowe Art Museum, University of Miami, Coral Gables, Florida
Lisson Gallery, Londres
The Jewish Museum, Nueva York
Akron Art Museum
Galerie Daniel Templon, París
Center for the Visual Arts, Portland, Oregón
Gray Gaultney, Nueva York
Schellmann & Klüser, Munich
1981
Galerie Watari, Tokio
Museum Moderner Kunst. Museum des 20. Jahrhunderts, Viena
Colorado State University, Fort Collins
Ronald Feldman Fine Arts, Inc., Nueva York
Kestner–Gesellschaft, Hannover
Städtische Galerie im Lenbachhaus, Munich
Castelli Graphics, Nueva York
Thomas Segal Gallery, Boston
Los Angeles Institute of Contemporary Art
1982
Leo Castelli Gallery, Nueva York
Marianne Deson Gallery, Chicago
Galerie Daniel Templon, París
Modernism, San Francisco
Galerie des Ponchettes, Niza
Easthampton, Nueva York
Kunstsammlung der Stadt Thun, Suiza
Dover Museum, Dover
Wansbeck Square Gallery, Ashington, Inglaterra
Usher Gallery, Lincoln, Inglaterra
Aberystwyth Arts Center, Aberystwyth Wales
Campidoglio, Roma
Galería Fernando Vijande, Madrid
1983
American Museum of Natural History, Nueva York
Fraenkel Gallery, San Francisco
Aldrich Museum of Contemporary Art, Ridgefield, Connecticut
Aspen Center for the Visual Arts, Aspen, Colorado
Bruno Bischofberger Gallery, Zurich
1984
Galerie Börjeson, Malmo
Delahunty, Dallas
Waddington Graphics, Londres
Bruno Bischofberger Gallery, Zurich
Editions Schellmann & Klüser, Nueva York
1985
Wallace Gallery, State University of New York
Marisa del Re Gallery, Nueva York
Tony Shafrazi Gallery, Nueva York
Leo Castelli Gallery, Nueva York
Lehman College Art Gallery, Lehman College (CUNY), Bronx
Galerie Paul Maenz, Colonia
1986
Galerie Daniel Templon, París
Dia Art Foundation, Nueva York
Anthony d'Offay Gallery, Londres
Dia Art Foundation, Nueva York
Larry Gagosian Gallery, Nueva York
1987
Robert Miller Gallery, Nueva York
Galerie Bernd Klüser, Munich
Robert Miller Gallery, Nueva York
Librairie Beaubourg, París
Richmond Hall, The Menil Collection, Houston
Galerie Gabrielle Maubrie, París
Leo Castelli Gallery, Nueva York
Galerie Thaddaeus Ropac, Salzburgo
Dia Art Foundation, Bridgehampton
Akira Ikeda Gallery, Tokio
Galerie Georges Lavrov, Festival International Art Contemporain (FIAC), París
Dia Art Foundation, Nueva York
1988
Dorsky Gallery, Nueva York
Texas Gallery, Houston
Vrej Baghoomian Inc., Nueva York
Galerie Bernd Klüser, Munich
Whitney Museum of American Art, Nueva York
Robert Miller Gallery, Nueva York
Larry Gagosian Gallery, Nueva York
Kunsthalle, Tübingen
The Solomon R. Guggenheim Museum, Nueva York
Anthony d'Offay Gallery, Londres
The Menil Collection, Houston

Allan McCollum

1971
Jack Glenn Gallery, Corona Del Mar, California
1972
Jack Glenn Gallery, Corona Del Mar, California
1973
Cusack Gallery, Houston, Texas
Nicholas Wilder Gallery, Los Angeles
1974
Nicholas Wilder Gallery, Los Angeles
1975
Douglas Drake Gallery, Kansas City
1977
Claire S. Copley Gallery, Los Angeles
1979
Douglas Drake Gallery, Kansas City
Julian Pretto & Co., Nueva York
1980
112 Workshop, Nueva York
Galerie Yvon Lambert, París
Artists Space, Nueva York
1981
Dioptre, Ginebra
Hal Bromm Gallery, Nueva York
1982
Galerie Nicole Gonet, Lausanne
Heath Gallery, Atlanta, Georgia
Ben Shahn Galleries, William Paterson College, Wayne, New Jersey
1983
Marian Goodman Gallery, Nueva York
Douglas Drake Gallery, Kansas City
1984
Richard Kuhlenschmidt Gallery, Los Angeles
Diane Brown Gallery, Nueva York
Rhona Hoffman Gallery, Chicago
1985
Gallery Nature Morte, Nueva York
Heath Gallery, Atlanta, Georgia
Texas Gallery, Houston
Rhona Hoffman Gallery, Chicago
Kuhlenschmidt Simon Gallery, Los Angeles
Lisson Gallery, Londres
Cash/Newhouse, Nueva York
1986
Cash/Newhouse, Nueva York
Gutenbergstrasse 62, Stuttgart
Institute of Contemporary Art, University of Pennsylvania, Pennsylvania
Kuhlenschmidt/Simon Gallery, Los Angeles
Diane Brown Gallery, Nueva York
1986–87
Rhona Hoffman Gallery, Chicago
1987
Diana Brown Gallery, Nueva York
Lisson Gallery, Londres
Julian Pretto Gallery, Nueva York
1988
John Weber Gallery, Nueva York
Galerie Yvon Lambert, París
Annina Nosei Gallery, Nueva York
Brooke Alexander, Nueva York
Julian Pretto Gallery, Nueva York
Musée d'Art Contemporain, Nimes
Kunsthalle Zürich, Zurich
The John and Mable Ringling Museum of Art, Sarasota, Florida
Portikus, Frankfurt
Stichting De Appel, Amsterdam
1989
Studio Trisorio, Nápoles
Galería 57, Madrid
Kunstverein für die Rheinlande und Westfalen, Düsseldorf
Rhona Hoffman Gallery, Chicago
Urbi et Orbi Galerie, París
John Weber Gallery, Nueva York
Richard Kuhlenschmidt Gallery, Los Angeles
Julian Pretto Gallery, Nueva York
Stedelijk Van Abbemuseum, Eindhoven
1990
Galerie Yvon Lambert, París
Galerie Fahnemann, Berlín
Julian Pretto Gallery, Nueva York
John Weber Gallery, Nueva York
The Denver Art Museum, Denver
Richard Kuhlenschmidt Gallery, California
Rooseum, Center for Contemporary Art, Malmo
Centre del Carne, IVAM, Valencia
1991
American Fine Arts Co., Nueva York
Lisson Gallery, Londres
Galerie Franck and Schulte, Berlín
Lisson Gallery, Londres
1992
John Weber Gallery, Nueva York
Galería Weber, Alexander y Cobo, Madrid
1993
Centre d'Art Contemporain, Génova

Art & Language

1967
Architectural Association, Londres
1968
The Herbert Art Gallery, Coventry
Ikon Gallery, Birmingham
1969
Pinacotheca Gallery, Melbourne
1971
Galerie Daniel Templon, París
Galleria Sperone, Turín
Dain Gallery, Nueva York
1972
Galleria Daniel Templon, Milán
Arts Gallery, Nueva York
Galerie Daniel Templon, París
Galerie Paul Maenz, Colonia
Galerie Daniel Templon, París
1973
Galerie Paul Maenz, Colonia
Lisson Gallery, Londres
Galerie Daniel Templon, París
John Weber Gallery, Nueva York
1974
Galleria Sperone, Turín
Galerie Paul Maenz, Colonia
Galerie Bischofberger, Zurich
Galleria Schema, Florencia
1975
Lisson Gallery, Londres
Galerie MTL, Bruselas
Museum of Modern Art, Oxford
Studentski Kulturni Centar, Belgrado
Art Gallery of New South Wales, Sydney
National Gallery of Victoria, Melbourne
Foksal Gallery, Varsovia
1976
Galleria Schema, Florencia
Galerie Ghislain Mollet–Viéville, París
Galerie MTL, Bruselas
Galerie Eric Fabre, París
Auckland City Art Gallery, Auckland
John Weber Gallery, Nueva York
1977
Robert Self Gallery, Londres
Galleria Lia Rumma, Roma, Nápoles
Robert Self Gallery, Londres
1978
Galerie Association, Niza
Cultureel Informatief Centrum, Gante
Lisson Gallery, Londres
1979
Galerie Eric Fabre, París
Galerij Jan Sack, Amberes

1980
University Gallery, Leeds
Lisson Gallery, Londres
Van Abbemuseum, Eindhoven
1981
Museum van Hedendaagse Kunst, Gante
Galerie Eric Fabre, París
Centre d'Art Contemporain, Ginebra
1982
De Vleeshal, Middelburg
Musée d'Art Moderne, Toulon, Francia
1983
Gewad, Gante
Lisson Gallery, Londres
Ikon Gallery, Birmingham
Galerie Grita Insam, Viena
Los Angeles Institute of Contemporary Art, Los Angeles
1985
Tate Gallery, Londres
1986
Lisson Gallery, Londres
Galerie de Paris, París
1987
Société des Expositions du Palais des Beaux-Arts, Bruselas
Lisson Gallery, Londres
Marian Goodman Gallery, Nueva York
1988
Lisson Gallery, Londres
1989
Galerie Max Hetzler, Colonia
Galerie Sylvana Lorenz, París
1989-90
Galleria Schema, Florencia
1990
Marian Goodman Gallery, Nueva York
1991
Lisson Gallery, Londres
Galerie de Paris, París
Institute of Contemporary Arts, Londres
John Hansard Gallery, The University, Southampton
The British School, Roma
Arnolfini Gallery, Bristol
1992
Galerie Isy Brachot, Bruselas

Agnes Martin

1958
Betty Parsons Gallery, Nueva York
1959
Betty Parsons Gallery, Nueva York
1961
Betty Parsons Gallery, Nueva York
Robert Elkon Gallery, Nueva York
1963-66
Robert Elkon Gallery, Nueva York
Nicholas Wilder Gallery, Los Angeles
1967
Nicholas Wilder Gallery, Los Angeles
1969
Nicholas Wilder Gallery, Los Angeles
1971
Visual Arts Center, Nueva York
1972
Robert Elkon Gallery, Nueva York
1973
Kunstraum, Munich
The Institute of Contemporary Art, University of Pennsylvania, Filadelfia
Pasadena Museum of Modern Art, Pasadena, California
The Museum of Modern Art, Nueva York
Galerie Yvon Lambert, París
1975
The Pace Gallery, Nueva York
1976
The Pace Gallery, Nueva York
Robert Elkon Gallery, Nueva York
1977
Arts Council of Great Britain, Hayward Gallery, Londres
Stedelijk Museum, Amsterdam
The Pace Gallery, Nueva York
1978
The Pace Gallery, Nueva York
The Mayor Gallery, Londres
Galerie Rudolf Zwirner, Colonia
Harcus/Krakow Gallery, Boston
1979
Margo Leavin Gallery, Los Angeles
Museum of Fine Arts, Santa Fe
The Pace Gallery, Nueva York
1980
Richard Gray Gallery, Chicago
The Pace Gallery, Nueva York
1980-81
Wichita State University, Wichita, Kansas
Denver Art Museum, Denver, Colorado
La Jolla Museum of Contemporary Art, La Jolla, California
Seattle Art Museum, Seattle, Washington
Portland Arts Center, Portland, Oregón
Akron Art Museum, Akron, Ohio
Glenbow Museum, Alberta
Mendel Art Gallery, Saskatoon
1981
The Pace Gallery, Nueva York
1983
The Pace Gallery, Nueva York
1984
The Mayor Gallery, Londres
The Pace Gallery, Nueva York
1985
The Pace Gallery, Nueva York
Margo Leavin Gallery, Los Angeles
1986
The Pace Gallery, Nueva York
Garry Anderson Gallery, Sydney
Waddington Galleries Ltd., Londres
1987
Galerie Yvon Lambert, París
1989
The Pace Gallery, Nueva York
Akira Ikeda Gallery, Tokio
The Cleveland Museum of Art
1990
Waddington Galleries Ltd., Londres
1990-91
The Pace Gallery, Nueva York
1991
Mary Boone Gallery, Nueva York
Chinati Foundation, Marfa, Texas
1991-92
Stedelijk Museum, Amsterdam
Museum Wiesbaden, Wiesbaden
Westfälisches Landesmuseum, Münster
Musée d'Art Moderne de la Ville de Paris, París
The Pace Gallery, Nueva York
1992
Kunstmuseum Winterthur, Winterthur, Suiza
Hochschule für angewandte Kunst in Wien, Viena

Gerhard Richter

1963
Möbelhaus Berges, Düsseldorf
1964
Galerie Heiner Friedrich, Munich
Galerie Alfred Schmela, Düsseldorf
Galerie René Block, Berlín
1966
Galleria La Tartaruga, Roma
Galerie H, Hannover
Galerie Bruno Bischofberger, Zurich
Galerie Patio, Frankfurt
Galleria Del Leone, Venecia
Galerie Heiner Friedrich, Munich
Galerie Alfred Schmela, Düsseldorf
Galerie René Block, Berlín
1967
Galerie Heiner Friedrich, Munich
Wide White Space, Antwerp
1968
Galerie Rolf Ricke, Kassel
Galerie Rudolf Zwirner, Colonia
1969
Galleria del Naviglio, Milán
Galerie René Block, Berlín
Gegenverkehr, Aachen
1970
Palais des Beaux Arts, Bruselas
Galerie Konrad Fischer, Düsseldorf
Galerie Heiner Friedrich, Munich
Galerie Ernst, Hannover
Museum Folkwang, Essen
1971
Galerie Heiner Friedrich, Munich
Kabinett für aktuelle Kunst, Bremerhaven
Kunstverein für die Rheinlande und Westfalen, Düsseldorf
Galleria Lucio Amelio, Nápoles
1972
56 Biennale, German Pavilion, Venecia
Galerie Rudolf Zwirner, Colonia
Kunstmuseum Luzern
Galerie Nächst St. Stephan, Viena
Suermondt Museum, Aachen
Galerie Konrad Fischer, Düsseldorf
Galerie Heiner Friedrich, Colonia
Galerie Heiner Friedrich, Munich
Kabinett für aktuelle Kunst, Bremerhaven
Hedendaagse Kunst, Utrecht
1973
Seriaal, Amsterdam
Stadtische Galerie im Lenbachhaus, Munich
Reinhard Onnasch Galerie, Nueva York
1974
Galerie Rudolf Zwirner, Colonia
Galerie René Block, Berlín
Galerie Heiner Friedrich, Munich
Städtisches Museum Mönchengladbach
1975
Galerie Preisig, Basilea
Galerie Konrad Fischer, Düsseldorf
Galleria La Bertesca, Milán
1976
Kunsthalle Bremen
Palais des Beaux Arts, Bruselas
Museum Haus Lange, Krefeld
Galleria Lucio Amelio, Nápoles
Galerie Durand–Dessert, París
Galleria La Bertesca, Génova
1977
Centre Georges Pompidou, París
1978
Sperone Westwater Fischer Gallery, Nueva York
A. Leonowens Gallery, Halifax
Nova Scotia College of Art and Design, Halifax
Stedelijk van Abbemuseum, Eindhoven
1979
Whitechapel Art Gallery, Londres
Galerie Isernhagen, Isernhagen
Galerie Bernd Lutze, Friedrichshafen/Rh.
1980
Sperone Westwater Fischer Gallery, Nueva York
Galleria Pieroni, Roma
Museum Folkwang, Essen
Stedelijk van Abbemuseum, Eindhoven
1981
Kunsthalle Düsseldorf
1982
Kunsthalle Bielefeld
Kunstverein Mannheim
Galerie Fred Jahn, Munich
Galerie Konrad Fischer, Zurich
Galerie Max Hetzler, Stuttgart
1983
Sperone Westwater Fischer Gallery, Nueva York
Marianne Deson Gallery, Chicago
Galleria Lucio Amelio, Nápoles
Galleria Pieroni, Roma
Galerie Konrad Fischer, Düsseldorf
1984
Musée d'Art el d'Industrie, St. Etienne
Galerie Thomas Borgmann, Colonia
Galerie Durand–Dessert, París
Galerie Wilkens – Jacobs, Colonia
1985
Staatsgalerie Stuttgart
Marian Goodman Gallery, Nueva York
Sperone Westwater Gallery, Nueva York
Galerie Jean Bernier, Athens
Galerie Bernd Lutze, Friedrichshafen/Rh
Galerie Fred Jahn, Munich
1986
Städtische Kunsthalle Düsseldorf
Nationalgalerie Berlin, Stiftung PreuBischer Kulturbesitz
Kunsthalle Bern
Museum moderner Kunst/Museum des 20, Jahrhunderts, Viena
Bárbara Gladstone Gallery, Rudolf Zwirner Gallery, Nueva York
1987
Museum Overholland, Amsterdam
Marian Goodman Gallery, Nueva York
Sperone Westwater Gallery, Nueva York
Wadsworth Atheneum, Hartford
Galerie Rudolf Zwirner, Colonia
Galleria Pieroni, Roma
1988
Galerie Fred Jahn, Munich
Galerie Durand–Dessert, París
Anthony d'Offay Gallery, Londres
Art Gallery of Ontario, Toronto, Canadá
Galerie Bernd Lutze, Friedrichshafen
Museum of Contemporary Art, Chicago
Hirshhorn Museum & Sculpture Garden, Washington
1989
San Francisco Museum of Modern Art, San Francisco
Museum Haus Esters, Krefeld
Portikus, Frankfurt
Galerie Jean Bernier, Atenas
Städtische Galerie im Lenbachhaus, Munich
ICA, Londres
Museum Boymans–van Beuningen, Rotterdam
Galerie Fred Jahn, Munich
Portikus, Frankfurt
Galleria Pieroni, Roma
David Nolan Gallery, Nueva York
1990
Marian Goodman Gallery, Nueva York
Sperone Westwater Gallery, Nueva York
Saint Louis Art Museum, San Luis, Missouri
The Grey Art Gallery, Nueva York
The Montreal Museum of Fine Arts, Montreal
Lannan Foundation, Los Angeles, Museum Ludwig, Colonia
1991
ICA, Boston
Anthony d'Offay Gallery, Londres

Robert Rauschenberg

1951
Betty Parsons, Nueva York
1953
Stable Gallery, Nueva York
Galleria Dell'Obelisco, Roma
Galleria d'Arte Contemporanea, Florencia
1954
Egan Gallery, Nueva York
1958
Leo Castelli, Nueva York
1959
Galleria La Tartaruga, Roma
Galerie 22, Düsseldorf
1960
Leo Castelli Gallery, Nueva York
1961
Gallerie Daniel Cordier, París
Galleria dell'Ariete, Milán
Leo Castelli Galery, Nueva York
1962
Dwan Gallery, Los Angeles
Leo Castelli Gallery, Nueva York
1963
Galerie Ileana Sonnabend, París
Dartmouth College, Hannover, New Hampshire
The Jewish Museum, Nueva York
Leo Castelli Gallery, Nueva York
1964
Whitechapel Gallery, Londres
Galerie Ileana Sonnabend, París
Gian Enzo Sperone Arte Moderna, Turín
Museum Haus Lange, Krefeld
1965
Amerika Haus, Berlín
Dwan Gallery, Los Angeles
Walker Arts Center, Minneapolis
Leo Castelli Gallery, Nueva York
Moderna Museet, Estocolmo
Stedelijk Museum, Amsterdam
Contemporary Arts Society, Houston
1966
Museum of Modern Art, Nueva York
1967
Leo Castelli Gallery, Nueva York
Douglas Gallery, Vancouver
1968
Stedelijk Museum, Amsterdam
Kunstverein, Colonia
Musée d'Art Moderne de la Ville de Paris, París
Peale House, Pennsylvania Academy of Fine Arts, Filadelfia
Galerie Ileana Sonnabend, París
Leo Castelli Gallery, Nueva York
Museum of Modern Art, Nueva York
Galerie Gerald Cramer, Ginebra
1969
Forth Worth Art Center, Fort Worth, Texas
Ace Gallery, Venice, California
Leo Castelli Gallery, Nueva York
Museum Boymans – Van Beuninger, Rotterdam
Douglas Gallery, Vancouver
Castelli Graphics, Nueva York
Newport Harbor Art Museum, Balboa, California
Phenix Art Museum, Arizona
University of New Mexico at Albuquerque, Albuquerque
Seattle Art Museum, Washington
1970
Institute of Contemporary Art, Filadelfia
Art Gallery, State University of New York, Nueva York
Marion Koogler McNay Art Institute, San Antonio, Texas
Museum of Contemporary Art, Chicago
Dayton's Gallery 12, Minneapolis
Automation House, Nueva York
Pasadena Art Museum, Pasadena, California
New York Cultural Center, Nueva York
Minneapolis Institute of Arts, Minneapolis
Kunstverein Hannover, Hannover
Fort Worth Art Center, Fort Worth, Texas
Kunstmuseum Basel, Basilea
Visual Arts Gallery, Nueva York
Art Institute of Chicago
Dayton's Gallery 12, Minneapolis
1971
Galerie Ileana Sonnabend, París
Dayton's Gallery 12, Minneapolis
Leo Castelli Gallery, Nueva York
Castelli Graphics, Nueva York
1972
Galerie Buren, Estocolmo
Multicenter Grafica, Milán
Galerie Sonnabend, París
Castelli Graphics, Nueva York
Castelli Graphics and Leo Castelli Gallery, Nueva York
Mitchell Gallery, Southem Illinois University, Carbondale
Leo Castelli Gallery, Nueva York
Ace Gallery, Venice, California
The Mayor Gallery, Londres
Jack Glenn Gallery, San Diego
Galerie Sonnabend, París
1974
University of South Florida, Tampa
Galerie Sonnabend, Ginebra
Israel Museum, Jerusalén
Los Angeles County Museum of Art, Los Angeles
Castelli Graphics, Nueva York
Galerie Buren, Estocolmo
Lucio Amelio, Nápoles
Museum Haus Lange, Krefeld
Castelli and Sonnabend Galleries, Nueva York
Galerie Mikro, Berlín
Jared Sable Gallery, Toronto
1975
Dayton's Gallery 12, Minneapolis
Alessandra Castelli, Milán
Visual Arts Gallery, Nueva York
Gemini GEL, Los Angeles
Castelli Graphics, Nueva York
Museo d'Arte Moderna Ca'Pesaro, Venecia
Margo Leavin Gallery, Los Angeles
Galerie Tanit, Munich
Visual Arts Museum, School of Visual Arts, Nueva York
Ace Gallery, Venice, California
The Art Association, Newport
1976
Galleria Civica d'Arte Moderna, Ferrara
Galerie H.M., Bruselas
Leo Castelli Gallery, Nueva York
Greenberg Gallery, San Luis
1976
National Collection of Fine Arts, Smithsonian Institution, Washington DC
Museum of Modern Art, Nueva York
San Francisco Museum of Modern Art
Albright–Knox Art Gallery, Buffalo
The Art Institute of Chicago
Forte Belvedere, Florencia
Ace Gallery, Venecia
Alberta College of Arts, Calgary, Alberta
Galerie D, Bruselas
Galleriet, Lund, Suecia
USIA, Washington DC
Galerie de Gestlo, Hamburgo
1977
Galerie Sonnabend, París
Leo Castelli Gallery, Nueva York
Sonnabend Gallery, Nueva York
John Berggruen Gallery, San Francisco
Linda Farris Gallery, Seattle
Janie C. Lee Gallery, Houston
Galleriet, Lund, Suecia
Ace Gallery, Venecia
Galerie Rudolf Zwirner, Colonia
1978
Galerie Sonnabend, París
The Mayor Gallery, Londres
Vancouver Art Gallery, Vancouver
Gemini GEL, Los Angeles

Castelli Graphics, Nueva York
Denise Rene Hans Mayer, Düsseldorf
Castelli Graphics, Nueva York
Fort Worth Art Museum, Fort Worth, Texas

1979

Sonnabend Gallery, Nueva York
Richard Gray Gallery, Chicago
Akron Art Institute, Akron, Ohio
Ace Gallery, Venice, California
Richard Hines Gallery, Seattle
Gloria Luria Gallery, Bay Harbor Islands, Florida
Portland Art Center, Portland, Oregón
Kunstmuseum Tugingen, Alemania
The Center for Music, Drama and Art, Lake Placid, Nueva York
Musée de Toulon, Francia
Sonnabend Gallery, Nueva York
Castelli Uptown, Nueva York
Institute for Contemporary Art, Virginia Museum, Richmond
Art In Progress, Colonia

1980

Conejo Valley Art Museum, Thousand Oaks, California
Gallery of Fine Art, Edison Community College, Fort Myers
Visual Arts Museum, Nueva York
University Gallery of Fine Art, Ohio State University, Columbus
Staatliche Kunsthalle, Baden-Baden
Kunsthalle, Düsseldorf
Louisiana Museum, Humleback, Dinamarca
Stadrische Galerie im Lenbagehaus, Munich
Tate Gallery, Londres
Leo Castelli, Nueva York
Galerie Sonnabend, París
The Photographers Gallery, Sanibel Island, Florida
Ace Gallery, Venice, California
Richard Hines Gallery, Seattle
Anniston Museum of Natural History, Anniston
Fay Gold Gallery, Atlanta
Ace Gallery, Venice, California
Cranbrook Academy of Art, Bloomfield Hills
Thomas Babeor Gallery, La Jolla, California
Children's Hospital, Washington, DC
Fendrick Gallery, Washington, DC
Magnuson-Lee Gallery, Boston
Baltimore Museum of Art, Maryland
Ace Gallery, Vancouver
Galleriet, Lund, Suecia

1981

The New Gallery of Contemporary Art, Cleveland
Gallery Gemini, Palm Beach
Galerie Watari, Tokio
Colorado State University, Fort Collins
The Sable-Castelli Gallery, Toronto
Sonnabend Gallery, Nueva York
Musée National d'Art Moderne, Centre Georges Pompidou, París
Musée Cantini, Marsella
Musée des Beaux-Arts, St. Etienne
Moderna Museet, Estocolmo
Aarhus Kunstmuseum
Styria Gallery, Nueva York
Institute of Contemporary Art, Boston
The Mayor Gallery, Londres
Gibbes Art Gallery, Charleston
Magnuson-Lee Gallery, Boston
Grimaldis Gallery, Baltimore
Rosamund Felsen Gallery, Los Angeles

1982

Sonnabend Gallery, Nueva York
The Photographers Gallery, Sanibel Island
Gallery of Fine Art, Edison Community College, Fort Myers
Hara Museum of Contemporary Art, Tokio
Castelli Graphics, Nueva York
Galleriet, Lund, Suecia
Long Beach Museum of Art, Long Beach
Flow Ace Gallery, París
Van Stratten Gallery, Chicago
Museum of Modern Art, Nueva York

1983

Sonnabend Gallery, Nueva York
Leo Castelli Gallery, Nueva York
Thomas Babeor Gallery, La Jolla, California
Louisiana Museum of Modern Art, Humlebaek
Tranegaar-den, Copenague
Esberg and Henie-Onstad Museum, Oslo
Prince Hotel, Tokio
KBS Kaikan, Kioto
Flow Ace Gallery, Los Angeles
Gallery of Fine Arts, Daytona Beach Community College
Jingxian, Provincia de Anhui
Gallery of Fine Art, Edison Community College, Fort Myers
Galleria di Franca Mancini, Pesaro
Arthur A Houghton, Jr., Gallery, The Cooper Union for the Advancement of Science and Art, Nueva York
Contemporary Arts Museum, Houston
Cleveland Center for Contemporary Art, Cleveland
North Carolina Museum of Art, Raleigh
Norton Gallery and School of Art, Palm Beach
The University Art Museum, California
State University, Long Beach
Douglas Elliott Gallery, San Francisco
Castelli Graphics, Nueva York
Dalsheimer Gallery, Baltimore
The Maryland Institute, Baltimore
Susanne Hilberry Gallery, Birmingham
Marianne Friedland Gallery, Toronto
Australian National Gallery, Camberra

1984

Port Arthur Public Library, Port Arthur, Texas
Harcourts Contemporary Gallery, San Francisco
Galerie Beyeler, Basilea
Heland Thorden Wetterling Galleries, Estocolmo
Center for the Fine Arts, Miami
Fondation Maeght, St. Paul de Vence
Adagio Gallery, Bridgehampton
Gemini GEL, Los Angeles
Allen Street Gallery, Dallas
Objects Gallery, San Antonio
Gallery of Fine Art, Edison Community College, Fort Myers
Scheinbaum & Russek Gallery, Santa Fe
Sonnabend Gallery, Nueva York
Castelli Graphics, Nueva York

1985

Fundación Juan March, Madrid
B.R. Komblatt Gallery, Washington, DC
John and Mable Ringling Museum of Art, Sarasota
Rauschenberg Overseas Culture Interchage (ROCI)
Museo Rufino Tamayo, Ciudad de México
Museo Nacional de Bellas Artes, Santiago de Chile
Museo de Arte Contemporáneo de Caracas, Venezuela
National Art Gallery, Beijing
Lhasa, Tibet
National Gallery of Art, Washington, DC
Daniel Templon, París
Contemporary Arts Museum, Houston

1986

Marion Koogler McNay Art Museum, San Antonio
Dallas Museum of Art, Dallas
Moosart Gallery, Miami
Contemporary Arts Museum, Houston
Espace Niçoise d'Art et de Culture, Niza
Larry Gagosian Gallery, Nueva York
Gallery of Fine Art, Edison Community College, Fort Myers
Acquavella Galleries, Inc., Nueva York
School of Visual Arts, Nueva York
Leo Castelli Gallery, Nueva York
Setagaya Art Museum, Tokio
Sogetsu Kaikan, Tokio
Dallas Museum of Art, Dallas

1987
Art Museum of South Texas
The Metropolitan Museum of Art, Nueva York
Heland Thorden Wetterling Galleries, Estocolmo
Kaj Forsblom Gallery, Helsinki
Blum–Helman Gallery, Nueva York
Galerie Denise Rene Hans Meyer, Düsseldorf
Galleria Lucio Amelio, Nápoles
Edison Community College, Barbara B. Mann Performing Arts Hall Art Wall, Fort Myers
Castelli Graphics, Nueva York
Blum–Helman Gallery, Los Angeles
Texas Gallery, Houston
Waddington Galleries, Londres
Blue Sky Gallery, Portland
1988
Blum–Helman Gallery, Nueva York
Pace/MacGill Gallery, Nueva York
Museo Nacional, Castillo de la Fuerza y Casa de las Américas, La Habana
Galerie Alfred Kren, Colonia
Knoedler & Company, Nueva York
Galerie Isy Brachot, Bruselas
Galerie Jamileh Weber, Zurich
BMW, Showroom, Berlín Oeste
Heland Wetterling Gallery, Gotler
Greene Gallery, Coral Gables
Knoedler & Company, Nueva York
1989
Universal Limited Art Editions Gallery, Nueva York
Central House of Culture, Tretyakov Gallery, Moscú
Fabian Carlsson Gallery, Londres
Castelli Graphics, Nueva York
Ivory/Kimpton Gallery, San Francisco
Akira Ikeda Gallery, Tokio
Ace Contemporary Exhibitions, Los Angeles
Schwartz, Cierlak Gallery, Santa Mónica
Fred Hoffman Gallery, Santa Mónica
Manny Silverman Gallery, Los Angeles
Heland Wetterling Gallery, Estocolmo
Heland Wetterling Gallery, Gothenberg
Knoedler & Company, Nueva York
Meadows Museum, Southern Methodist University, Dallas
Martina Hamilton Gallery, Nueva York
Galerie Jamileh Weber, Zurich
1990
Lorence/Monk Gallery, Nueva York
Lang & O'Hara, Nueva York
Scott Hanson Gallery, Projects Room, Nueva York
Neue Berliner Galerie, Alten Museum, Berlín
Galerie Montaigne, París
Runkel–Hue–Williams Ltd., Londres
Castelli Graphics, Nueva York
Galerie Alfred Kren, Colonia
National Art Gallery, Kuala Lumpur, Malasia
Knoedler & Company, Nueva York
Pyo Gallery, Seúl
Nippon Convention Center, Makauhari Messe
Feigen Gallery, Chicago
Galerie Baudoin Lebon, París
Whitney Museum of American Art, Nueva York
1991
Knoedler & Company, Nueva York
Pace/MacGill Gallery, Nueva York
National Gallery of Art, Washington
Le Marie Tranier Gallery, Washington, DC
The Corcoran Gallery of Art, Washington, DC
Blum Helman, Santa Mónica
City Gallery of Contemporary Art, Raleigh
Galleria Il Gabbiano, Roma

Rémy Zaugg

1972
Kunstmuseum, Basilea
1977
Galerie nächst St. Stephan, Viena
Modern Art Galerie, Viena
Galerie Rolf Preisig, Basilea
1979
Kunsthalle, Berna
1982
Kunsthaus Aarau
1984
Stedelijk Van Abbemuseum, Eindhoven
1987
Galerie Anselm Dreher, Berlín
1988
Kunsthalle, Basilea
ARC Musée d'Art Moderne de la Ville de Paris, París
1989
Le Consortium, Dijon
Mai 36 Galerie, Lucerna
Museum Folkwang, Essen
1990
Musée d'Art Contemporain, Lyon
Galerie Anne de Villepoix, París
Mai 36 Galerie, Lucerna
1991
Galerie Ronny van de Velde, Amberes
Zwinger Galerie, Berlín
The Museum of Contemporary Art, Chicago
Galerie Pierre Huber, Ginebra
Kleinsimlinghaus und Partner, Düsseldorf
Kunstmuseum Lucerna
Brooke Alexander Gallery, Nueva York
Brooke Alexander Editions, Nueva York
1992
Le Consortium, Dijon

Robert Mangold

1964
Thibaut Gallery, Nueva York
1965
Fischbach Gallery, Nueva York
1968
Galerie Müller, Stuttgart
Solomon R. Guggenheim Museum, Nueva York
1973
Galerie Yvon Lambert, París
Galleria Toselli, Milán
Lisson Gallery, Londres
Galerie Annemarie Verna, Zurich
Galleria Marilena Bonomo, Bari
Max Protetch Gallery, Washington, DC
Daniel Weinberg Gallery, San Francisco
1974
John Weber Gallery, Nueva York
La Jolla Museum of Contemporary Art, La Jolla, California
Galerie Konrad Fischer, Düsseldorf
1975
Cusack Gallery, Houston
Ace Gallery, Los Angeles
Galerie Charles Kriwin, Bruselas
1976
D'Allessandro Ferranti, Roma
1977
Museum Haus Lange, Krefeld
Portland Center for the Visual Arts, Portland
Kunsthalle Basel, Basilea
Young/Hoffman Gallery, Chigago
1978
Jean & Karen Bernier, Atenas
Ink, Zurich
1980
Kunsthalle Bielefeld, Bielefeld
Texas Gallery, Houston
1982
Sidney Janis Gallery, Nueva York
Stedelijk Museum, Amsterdam
1983
Daniel Weinberg Gallery, Los Angeles
Matrix, University Art Museum, Berkeley
1984
Paula Cooper Gallery, Nueva York
Institute of Contemporary Art, Boston
1984–86
Akron Art Museum, Akron
Albright Knox Art Gallery, Buffalo, Nueva York
Contemporary Arts Museum, Houston
La Jolla Museum of Contemporary Art, La Jolla, California
University Art Museum, Berkeley
Neuberger Museum, Purchase
1986
Donald Young Gallery, Chicago
1987
Hallen für neue Kunst, Schaffhausen
The Baltimore Museum of Art, Baltimore
1988
Fabian Carlsson Gallery, Londres
Galerie Lelong, Nueva York
Galerie Meert–Rihoux, Bruselas
Bonnefantenmuseum, Maastricht
1989
Galerie Meert–Rihoux, Bruselas
The Saatchi Collection, Londres
Galerie Lelong, Nueva York
Bonnefantenmuseum, Maastricht
1990
Paula Cooper Gallery, Nueva York
Lisson Gallery, Londres
1991
Paula Cooper Gallery, Nueva York
Daniel Weinberg Gallery, Los Angeles
1992
The Pace Gallery, Nueva York

Antoni Tàpies

1950
Galeries Laietanes, Barcelona
1951
Casino de Ripoll, Ripoll
1952
Galeries Laietanes, Barcelona
1953
Museo Municipal, Mataró
Marshall Field & Company, Chicago
Galería Biosca, Madrid
Martha Jackson Gallery, Nueva York
1954
Galeries Laietanes, Barcelona
1955
Sur, Galería de Arte, Santander
1956
Galerie Stadler, París
1957
Martha Jackson Gallery, Nueva York
Galerie Stadler, París
Galerie Alfred Schmela, Düsseldorf
1958
Galleria dell'Ariete, Milán
1959
Martha Jackson Gallery, Nueva York
Galerie Stadler, París
1960
Martha Jackson Gallery, Nueva York
Galerie Blanche, Estocolmo
1961
Sala Gaspar, Barcelona
Gres Gallery, Washington, DC
Galerie Rudolf Zwirner, Essen
Galerie Stadler, París
Instituto Torcuato Di Tella, Museo Nacional de Bellas Artes, Buenos Aires
Martha Jackson Gallery, Nueva York
1962
Kestner–Gesellschaft, Hannover
Galleria Il Segno, Roma
The Solomon R. Guggenheim Museum, Nueva York
Kunsthaus Zürich, Zurich
Museo de Bellas Artes, Caracas
1963
Phoenix Art Center, Arizona
Pasadena Art Museum, Pasadena, California
Felix Landau Gallery, Los Angeles, California
Martha Jackson Gallery, Nueva York
Berggruen & Cie., París
Galerie Im Erker, St. Gallen
Notizie, Torí

1964
Galerie Rudolf Zwirner, Colonia
La Tartaruga, Galleria d'Arte, Roma
Galerie Stadler, París
Gallery Moos, Ltd., Toronto
Galerie Burén, Estocolmo
Sala Gaspar, Barcelona
Galerie Agnes Lefort, Montreal
1965
Galerie Bernard, Solothurn
Galerie Rudolf Zwirner, Colonia
Galerie van de Loo, Munich
Institute of Contemporary Arts, Londres
Erker–Galerie, St. Gallen
Sala Gaspar, Barcelona
1966
Cercle Artístic de Manresa, Manresa
Galería Biosca, Madrid
Galerie Stadler, París
Galerie Jacques Verrière, Cannes
Galerie Burén, Estocolmo
1967
Martha Jackson Gallery, Nueva York
Kunstmuseum, St. Gallen
Galerie Maeght, París
Sala Gaspar, Barcelona
1968
Erker–Galerie, St. Gallen
Museum des 20. Jahrhunderts, Viena
La Hune, París
Galerie Alfred Schmela, Düsseldorf
Kunstverein, Hamburgo
Martha Jackson Gallery, Nueva York
Galerie Maeght, París
1969
Kasseler Kunstverein, Kassel
Galerie van de Loo, Munich
Galerie Stadler, París
Galerie Maeght, París
Gallery Moos, Ltd., Toronto
Sala Gaspar, Barcelona
Ianua, Barcelona
1970
Galleria dell'Ariete, Milán
Martha Jackson Gallery, Nueva York
Sala Gaspar, Barcelona
Galerie Bleue, Estocolmo
Neue Galerie, Baden–Baden
1971
Galerie Hachette, Londres
Galerie Maeght, Zurich
Galerie Rössli, Balstahl
Il Collezionista d'Arte Contemporanea, Roma
Galerie Dreiseitel, Colonia
Sala Pelaires, Palma de Mallorca
Galerie Börjeson, Malmo
Sala Gaspar, Barcelona
1972
Städtische Galerie im Haus Seel, Siegen
Galerie Maeght, París
1973
Galerie Börjeson, Malmo
Galeria As, Barcelona
Musée d'Art Moderne de la Ville de Paris, París
Musée Rath, Ginebra
Palais de Beaux–Arts, Charleroi
Jodi Scully Gallery, Los Angeles
Galería Juana de Aizpuru, Sevilla
Galeria 42, Barcelona
Galerie Wünsche, Bonn
Martha Jackson Gallery, Nueva York
Sala Gaspar, Barcelona
Dau al Set, Galeria d'Art, Barcelona
Galería Juana Mordó, Madrid
1974
Louisiana Museum, Humlebæk
Galerie Alfred Schmela, Düsseldorf
Nationalgalerie, Berlín
Galerie Maeght, París
Hayward Gallery, Londres
Galería Juan Martín, México DF
Galleri 69, Göteborg
Gallery Moos, Ltd., Toronto
Martha Jackson Graphics, Nueva York
1975
Galería Ruiz–Castillo, Madrid
Galeria Maeght, Barcelona
La Mulassa, Vilanova i la Geltrú
Sala Pelaires, Palma de Mallorca
Galerie Eva Callejo, Ginebra
Galería Juana de Aizpuru, Sevilla
Galerie Jeanne Castel, París
Galerie Nouvelles Images, La Haya
Ruth S. Schaffner Gallery, Los Angeles
Galerie Maeght, Zurich
Galerie Beyeler, Basilea
Martha Jackson Gallery, Nueva York
1976
Galería Rayuela, Madrid
Galeria d'Art 3 i 5, Gerona
Galería Carmen Durango, Valladolid
Galeria Joan Prats, Barcelona
Galerie Biedermann, Munich
Fondation Maeght, Saint–Paul de Vence
Galeria Cadaqués, Cadaqués
The Seibu Museum of Art, Tokio
Nielsen Gallery, Boston
Fundació Joan Miró, Barcelona
Galeria Maeght, Barcelona
1977
Albright–Knox Gallery, Buffalo, Nueva York
Museum of Contemporary Art, Chicago
Marion Koogler McNay Art Institute, San Antonio, Texas
Des Moines Art Center, Des Moines, Iowa
Musée d'Art Contemporain, Montreal, Quebec
Galería Yerba, Murcia
Biblioteca de la Caixa de Pensions, Sant Celoni
Sala Celini, Madrid
Kunsthalle, Bremen
Staatliche Kunsthalle, Baden–Baden
Kunstmuseum, Winterthur
Cop d'Ull, Sala d'Art, Lérida
Galería Ignacio de Lassaletta, Barcelona
Mendel Art Gallery, Sakatoon
1978
Lucas, Galería de Arte, Gandía
Martha Jackson Gallery, Nueva York
Galerie Carl van der Voort, Basilea
Galería Sen, Madrid
Musée de L'Abbaye Sainte–Croix, Les Sables–d'Olonne
Centre d'Études Catalanes, París
Galerie Alfred Schmela, Düsseldorf
Sala d'Exposicions de la Caixa d'Estalvis Laietana, Mataró
Erker–Galerie, St. Gallen
Artema, Barcelona
Galerie Munro, Hamburgo
Hastings Gallery, The Spanish Institute, Nueva York
Galerie Isernhagen, Isernhagen
Galeria Maeght, Barcelona
1979
Kunsthandel Brinkman, Amsterdam
Galerie Dreiseitel, Colonia
Galería Punto, Valencia
Galerie Maeght, París
Galerie Atelier Hilbur, Karlsruhe
Badischer Kunstverein, Karlsruhe
Kunsthalle zu Kiel, Kiel
Neue Galerie del Stadt Linz, Wolfgang–Gurlitt–Museum
Galerie Brigitte March, Stuttgart
Galería Pecanins, México
Galeria Joan Prats, Barcelona
1980
Escola Taller d'Art, Reus
Sala de Arte, Caja Insular de Ahorros, Las Palmas
Galerie Lang, Viena
Galerie Academia, Salzburgo
Studio Dueci, Roma
Museo Español de Arte Contemporáneo, Madrid

Sala de la Caixa d'Estalvis de Barcelona, Vilafranca del Penedés
Stedelijk Museum, Amsterdam
Galerie Brinkman, Amsterdam
La Tralla, Vich
Galería Carmen Durango, Valladolid
Galerie Maeght, Zurich

1981

Galeria Maeght, Barcelona
Gallery Ueda, Tokio
Galerie Dreiseitel, Colonia
Galerie Alfred Schmela, Düsseldorf
Galería Rayuela, Madrid
Erker–Galerie, St. Gallen
Satani Gallery, Tokio
Schlosshofgalerie, Lindau
Studio d'Arte Contemporanea Dabbeni, Lugano
Galerie Therese Roussel, Perpiñán
Fondation du Chateau de Jau, Cases de Pène
Galerie Maeght, Zurich
M. Knoedler & Co., Nueva York
Stephen Wirtz Gallery, San Francisco
Galería Ponce, México DF

1982

Galerie Alice Pauli, Lausanne
Multimedia Arte Contemporanea, Brescia
Palacio de la Lonja, Zaragoza
Galerie Brigitte March, Stuttgart
Escola Massana, Barcelona
Marisa del Re Gallery, Nueva York
Galerie Maeght, París
Mèta Arte Contemporanea, Bolzano
Galeria Joan Prats, Barcelona
Scuola di San Giovanni Evangelista, Venecia
Jack Rutberg Fine Arts, Inc., Los Angeles
Editart, Ginebra
Sala Pelaires, Palma de Mallorca
Due Ci, Roma

1983

Galerie Marika Marghescu, Hannover
Universitat de Barcelona, Barcelona
Galerie Maeght, Zurich
Renault. Art et Industrie, Abbaye de Sénanque, Gordes
Palau dels Comtes, Centelles
Städtische Galerie im Prinz–Max–Palais, Karlsruhe
Fundació Joan Miró, Barcelona
Galeria Maeght, Barcelona

1984

Galerie Dreiseitel, Colonia
Galleri Östermalm, Estocolmo
Galerie Brusberg, Berlín
Museo Municipal de San Telmo, San Sebastián
Galerie Maeght Lelong, Nueva York
Editart, Ginebra
Galerie Stahlberger, Weil am Rhein
Galerie Maeght Lelong, Zurich
Erker–Galerie, St. Gallen
Galerie Maeght Lelong, París
Galerie Herbert Meyer–Ellinger, Frankfurt
Galería Antonio Machón, Madrid

1985

Galerie Kajforsblom, Helsinki
Stephen Wirtz Gallery, San Francisco
Palazzo Reale, Milán
Galerie Alfred Schmela, Düsseldorf
Musée d'Art Moderne, Bruselas
Elisabeth Franck Gallery, Knokke–le Zoute
Galeria Eude, Barcelona
Galerie Adrien Maeght, París
Centro Municipal de Cultura, Alcoy

1986

Gesellschaft Bildender Künstler Österreichs, Künstlerhaus, Viena
Stedelijk Van Abbemuseum, Eindhoven
Galeria Carles Taché, Barcelona
Galería Antonio Machón, Madrid
Galerie Maeght Lelong, Nueva York
Galería Theo, Madrid
Abbaye de Montmajour, Arlés
Lippische Gesellschaft für Kunst, Detmold
Galerie Maeght Lelong, París
Galeria Theo, Barcelona
Galeria Joan Prats, Barcelona
Dau al Set, Galeria d'Art, Barcelona
Galeria Carles Taché, Barcelona
Metropolitan Museum and Art Center, Coral Gables, Florida

1987

Galerie Dreiseitel, Colonia
Galerie Marika Marghescu, Hannover
Editart, Ginebra
Rimoldi Arte Contemporanea, Milán
Galerie Lelong, Zurich
Galeria Joan Prats, Nueva York
Estiarte, Madrid
Galeria Carles Taché, Barcelona

1988

The Baxter Gallery, Portland School of Art, Maine
Anderson Gallery, Virginia Commonwealth University, Richmond
The Art Gallery, University of Maryland, College Park
Lamont Gallery, The Phillips Exeter Academy, Exeter
David Anderson Gallery, Buffalo, Nueva York
Galerie Brusberg, Berlín
Annely Juda Fine Arts, Londres
Saló del Tinell, Barcelona
Lonja, Palma de Mallorca
Canònica de Santa Maria, Vilabertran, Gerona
Galerie Beyeler, Basilea
Espace de Rencontres et d'Expression Contemporaine, Tour Charles Quint, Le Muy
Musée Cantini, Marsella
Génesis, Galería de Arte, Barcelona
Erker–Galerie, St. Gallen
Luis Adelantado Galería, Valencia
Galería Theo, Valencia
Galería Cuatro, Valencia
Cleto Polcina Arte Moderna, Roma

1989

Galerie Lelong, Nueva York
Galeria Joan Prats, Nueva York
Clave, Galería de Arte, Murcia
Galeria Fluxus, Oporto
The Elkon Gallery, Nueva York
Palau de Belles Arts, Pekín
Galerie Stahlberger, Weil am Rhein
Galerie Lelong, Zurich
Kunstsammlung Nordrhein–Westfalen, Düsseldorf
Galerie Alfred Schmela, Düsseldorf
Galería Der Brücke, Buenos Aires
Marta Cervera Gallery, Nueva York

1990

Palmisano Arte Moderna, Milán
Galerie Art du 20ème, Bruselas
Centre International de Poésie, Marsella
Diagonal Art, Barcelona
Nouveau Théatre d'Angers, Angers
Bon à Tirer, Madrid
Galería de la Obra Social y Cultural, Caja de Ahorros de Asturias, Oviedo
Espai 29, Castellón
Museo Nacional Centro de Arte Reina Sofía, Madrid

1991

Museu Sztuki, Lodz, Polonia
Fuji Television Gallery, Tokio
Galeria Carles Taché, Barcelona
Galerie Lelong, Nueva York
Fundació Antoni Tàpies, Barcelona
Galerie Lelong, Zurich
Centro Cultural Arte Contemporáneo, México DF
Long Beach Museum of Art, Long Beach
The Meadows Museum, Dallas, Texas
Museum of Modern Art, Nueva York
Centro Atlántico de Arte Moderno, Las Palmas de Gran Canaria
Fundaçao de Serralves, Oporto
Centro de Arte Moderna, Fundaçao Calouste Gulbenkian, Lisboa
Fundación Antoni Tàpies, Barcelona
Fundaçao de Serralves, Oporto
Waddington Galleries, Londres

Jasper Johns

1958
Leo Castelli Gallery, Nueva York
1959
Galerie Rive Droite, París
Galleria d'Arte del Naviglio, Milán
1960
Leo Castelli Gallery, Nueva York
University Gallery, University of Minnesota, Minneapolis
Columbia Museum of Art, Columbia, Carolina del Sur
1961
Leo Castelli Gallery, Nueva York
Galerie Rive Droite, París
1962
Galerie Ileana Sonnabend, París
Everett Ellin Gallery, Los Angeles
1963
Leo Castelli Gallery, Nueva York
1964
Jewish Museum, Nueva York
Whitechapel Gallery, Londres
1965
Pasadena Art Museum, Pasadena, California
Ashmolean Museum, Oxford
American Embassy, Londres
Minami Gallery, Tokio
1966
Leo Castelli Gallery, Nueva York
National Collection of Fine Arts of the Smithsonian Institution, Washington, DC
1968
Leo Castelli Gallery, Nueva York
Documenta 4, Kassel
MOMA, Nueva York
Louisiana Museum, Humlebaek
Kunstmuseum Basel, Basilea
Moderna Galerija, Lubiana
Muzij Savremene Umetnosti, Belgrado
Museum Sztuki w Lodzi, Lodz
Romanian Athenaeum, Bucarest
1969
Leo Castelli Gallery, Nueva York
Marion Koogler McNay Art Institute, San Antonio
Pollock Galleries, Southern
Methodist University, Dallas
University Art Museum, University of New Mexico, Las Cruces
Des Moines Art Center, Des Moines, Iowa
1970
Leo Castelli Gallery, Nueva York
Irving Blum Gallery, Los Angeles
Philadelphia Museum of Art, Filadelfia
John Berggruen Gallery, San Francisco
Museum of Modern Art, Nueva York
1971
Minneapolis Institute of Arts, Minneapolis
Marion Koogler McNay Art Institute, San Antonio
Museum of Modern Art, Nueva York
Museum of Contemporary Art, Chicago
Dayton's Gallery 12, Minneapolis
Betty Gold Fine Modern Prints, Los Angeles
Kunsthalle, Bern
Hannover Kunstverein, Hannover
Stedelijk Museum, Amsterdam
Städtisches Museum, Mönchengladbach
Castello Sforzesco, Milán
1972
Houston Museum of Fine Arts, Houston
Hofstra University, Hempstead, Long Island
1974–75
Gemini GEL, Los Angeles
Christ Janer Gallery, New Canaan, Connecticut
Oxford Museum of Modern Art, Oxford
Mappin Art Gallery, Sheffield
Herbert Art Gallery, Coventry
Walker Art Gallery, Liverpool
City Art Gallery, Leeds
Serpentine Gallery, Londres
Leo Castelli Gallery, Nueva York
Minami Gallery, Tokio
Knoedler Contemporary Prints, Nueva York
1976
Leo Castelli Gallery, Nueva York
Wadsworth Atheneum, Hartford
Gemini GEL, Los Angeles
1977–78
Blum Helman, Nueva York
Whitney Museum of American Art, Nueva York
Museum Ludwig, Colonia
Centre National d'Art et de Culture Georges Pompidou, Musée National d'Art Moderne, París
Hayward Gallery, Londres
Seibu Museum of Art, Tokio
San Francisco Museum of Modern Art, San Francisco
John Berggruen Gallery, San Francisco
Getler/Pall, Nueva York
University of California, Mary Porter Sesnon Art Gallery, Santa Cruz, California
Brooke Alexander, Nueva York
1978
Museum of Fine Arts, Boston
Margo Leavin Gallery, Los Angeles
Center for the Arts, Wesleyan University, Middletown, Connecticut
Galerie Mukai, Tokio
John Berggruen Gallery, San Francisco
Akron Art Museum, Akron, Ohio
1978–79
Springfield Museum of Fine Arts, Springfield, Massachusetts
Baltimore Museum of Arts, Baltimore, Maryland
Dartmouth College Museum and Galleries, Hopkins Center, Hannover, New Hampshire
University Art Museum, University of California at Berkeley, Berkeley
Cincinnati Art Museum, Cincinnati
Georgia Museum of Art, University of Georgia at Atenas, Atenas, Georgia
St. Louis Art Museum, San Luis, Missouri
Newport Harbor Art Museum, Newport Beach, California
Rhoe Island School of Design, Museum of Art, Providence, Rhode Island
1979
Kunstmuseum Basel, Basilea
Staatliche Graphische Sammlung, Munich
Kunstinstitut und Städtische Galerie, Frankfurt
Kunstmuseum Hannover mit Sammlung Sprengel
Konigliche Kupferstichsammlung, Statens Museum for Kunst, Copenague
Moderna Museet, Estocolmo
Tate Gallery, Londres
Janie C. Lee Gallery, Houston
Little Center Gallery, Clark University, Worcester, Massachusetts
Getler/Pall, Nueva York
1980
Getler/Pall, Nueva York
Gallery et Patricia Heesy Fine Art, Nueva York
1981
Leo Castelli Gallery, Nueva York
Margo Leavin Gallery, Los Angeles
Greenberg Gallery, San Luis, Missouri
Thomas Segal Gallery, Boston
1982
Castelli Graphics, Nueva York
L.A. Louver Gallery, Venice, California
Whitney Museum of American Art, Nueva York
1983
Delahunty Gallery, Dallas
1984
Leo Castelli Gallery, Nueva York
1985
Brook Alexander, Inc., Nueva York
Lorence Monk Gallery, Nueva York
Saint Louis Art Museum, San Luis, Missouri
1986
Patricia Heesy Gallery, Nueva York
Fondation Maeght, St. Paul de Vence
The Museum of Modern Art, Nueva York

Schirn Kunsthalle, Frankfurt
Museo Nacional Centro de Arte Reina Sofía, Madrid
Wiener Secession, Viena
The Fort Worth Art Museum, Texas
Los Angeles County Museum of Art, Los Angeles
Pence Gallery, Santa Mónica, California
1987–88
Leo Castelli Gallery, Nueva York
The Grünewald Center for the Graphic Arts, Wight Art Gallery, University of California, Los Angeles
Neuberger Museum, State University of New York, Purchase
Lorence Monk Gallery, Nueva York
Galerie Daniel Templon, París
Museum of Contemporary Art, Los Angeles
Seattle Art Museum (1988–89)
1988
Lorence Monk Gallery, Nueva York
Walker Art Center, Minneapolis, Minnesota
Greg Kucera Gallery, Seattle
American Pavilion, XLIII Biennale, Venecia (Leon d'Oro)
French Institute, Nueva York
High Museum of Art, Atlanta
Philadelphia Museum of Art, Filadelfia
1989
Gagosian Gallery, Nueva York
The Butler Institute of American Art, Youngstown, Ohio
Kunstmuseum Basel, Basilea
Anthony d'Offay Gallery, Londres
Tate Gallery, Liverpool
1990
Musée Cantonal des Beaux Arts de Lausanne, Lausana
The Seibu Museum of Art, Tokio
The Cleveland Center for Contemporary Art, Cleveland, Ohio
Inoue Gallery, Tokio
Galerie Humanite, Tokio
1990–91
National Gallery of Art, Washington
Kunstmuseum Basel, Basilea
Hayward Gallery, Londres
Walker Art Center, Minneapolis
The Museum of Fine Arts Houston, Houston
The Fine Arts Museum of San Francisco, San Francisco
The Montreal Museum of Fine Arts, Montreal
Saint Louis Art Museum, San Luis, Missouri
Center for the Fine Arts, Miami
Denver Art Museum, Denver
Isetan Museum of Art, Tokio
Isetan Department Store, Niigata – Urawa – Matsudo – Shizuoka
Anthony D'Offay Gallery, Londres
1991
Leo Castelli Gallery, Nueva York
Heland & Wetterling, Estocolmo
Brooke Alexander Editions, Nueva York
Brenau college, Gainesville, Georgia
Tel Aviv Museum of Art, Tel Aviv
Galerie Isy Brachot, Bruselas
1992
Gagosian Gallery, Nueva York
Palais de Luppe, Fondation Vincent Van Gogh, Arlés
Milwaukee Art Museum, Milwaukee, Wisconsin
Ackland Art Museum, University of North Carolina at Chapel Hill, Chapel Hill, Carolina del Norte
University of Lethbridge Art Gallery, Alberta
University Art Museum, State University of New York at Albany, Nueva York

Sherrie Levine

1974
De Saisset Art Museum, Santa Clara, California
1977
3 Mercer Street, Nueva York
1978
Hallwalls, Buffalo, Nueva York
1979
The Kitchen, Nueva York
1981
Metro Pictures, Nueva York
1982
A and M Artworks, Nueva York
1983
Baskerville and Watson Gallery, Nueva York
Richard Kuhlenschmidt Gallery, Los Angeles
1984
Nature Morte Gallery, Nueva York
A and M Artworks, Nueva York
Yajima Gallery, Montreal
Ace, Montreal
1985
Baskerville and Watson Gallery, Nueva York
Block Gallery, Northwestern University, Evanston,
Richard Kuhlenschmidt Gallery, Los Angeles
1986
Daniel Weinberg Gallery, Los Angeles
1987
Donald Young Gallery, Chicago
Wadsworth Atheneum, Hartford, Connecticut
Mary Boone Gallery, Nueva York
1988
Hirshhorn Museum, Washington
High Museum of Art, Atlanta
Galerie Nächst St. Stephan, Viena
Mario Diacono Gallery, Boston
1989
Donald Young Gallery, Chicago
Mary Boone Gallery, Nueva York
1990
Daniel Weinberg Gallery, Santa Mónica, California
1991
San Francisco Museum of Modern Art, San Francisco
Donald Young Gallery, Chicago
Mary Boone Gallery, Nueva York
Galerie Ghislaine Hussenot, París
Kunsthalle Zürich, Zurich
1992
Westfälisches Landesmuseum, Münster
Rooseum – Center for Contemporary Art, Malmo
Hôtel des Arts, París

Michelangelo Pistoletto

1960
Galleria Galatea, Turín
1963
Galleria Galatea, Turín
1964
Gallerie Ileana Sonnabend, París
Galleria del Leone, Venecia
Galleria Gian Enzo Sperone, Turín
1965
Sala Espressioni – Ideal Standart, Milán
1966
Atelier Pistoletto, Turín
Walter Art Center, Minneapolis
Galleria del Leone, Venecia
Galleria Gian Enzo Sperone, Milán
Galleria la Bertesca, Génova
1967
Galerie Zwirner, Colonia
Hudson Gallery, Detroit
Galleria des Naviglio, Milán
Palais des Beaux–Arts, Bruselas
Kornblee Galerie, Nueva York
Galerie Ileana Sonnabend, París
Galleria Gian Enzo Sperone, Turín
1968
New Cinema Festival, Knokke
Galleria Christian Stein, Turín
Galleria L'Attico, Roma
1969
Badischer Kunstverein, Karlsruhe
Kornblee Gallery, Nueva York
Museum Boysmans–van Beuningen, Rotterdam
Albright Knox Art Gallery, Buffalo
1970
Modern Art Agency, Nápoles
Galleria Gian Enzo Sperone, Turín
Galleria dell' Ariete, Milán
1971
Galerie M.E. Thelen, Colonia
Studio Sant' Andrea, Milán
1972
Galleria Toninelli, Roma
1973
Galleria dell' Ariete, Milán
Galleria Gian Enzo Sperone, Turín
Kestner Gesellschaft, Hannover
1974
Galerie Gunter Sachs, Hamburgo
Mathildenhöhe, Darmstadt
Sidney Janis Gallery, Nueva York
1975
Galleria Gian Enzo Sperone, Roma
Galleria Aprile Ronda, Biella
Galleria Il Centro, Nápoles
Art Agency, Tokio
Galleria Christian Stein, Turín
Galleria Multipli, Turín
1976
Galleria Salvatore Ala, Milán
Samangallery, Génova
Palazzo Grassi, Venecia
Galleria Giorgio Persano, Turín
Galleria Il Collezionista, Roma
1977
Galleria Giorgio Persano, Turín
Galerie Marie–Louise Jeanneret, Gante
Samangallery, Génova
Museo Diego Aragona Pignatelli, Nápoles
1978
Nordjyllands Kunstmuseum, Aalborg
Nationalgalerie, Berlín
Galleria Giorgio Persano, Turín
Atelier Pistoletto, Turín
13 öffentliche Plätze, Berlín
Galerie Schweinebraden, Berlín
Galleria Mario Diacono, Bolonia
1979
Rice Museum, Houston
High Museum of Art, Atlanta
Georgia Museum of Art, Atenas
Galleria Giorgio Persano, Turín
LAICA, Los Angeles
1980
University Art Museum, Berkeley
Mayfield Mall, Commercial Center, Palo Alto
Hansen Fuller Golden Gallery, San Francisco
Museum of Modern Art, San Francisco
The Clocktower, Nueva York
Studio La Tozze, Pistoia
Palazzo Communale, Pistoia
Galleria Giorgio Persano, Turín
Galleria Lucrezia De Domizio, Pescara
Galleria Giuliana De Crescenzo, Roma
Galleria Giorgio Persano, Turín
1981
Westfälisches Landesmuseum, Münster
Salvatore Ala Gallery, Nueva York
1982
Galleria Pieroni, Roma
Galleria Toselli, Mailand
Galerie Tanit, Munich
1983
Galleria Giorgio Persano, Turín
Galleria La Polena, Génova
Westfälischer Kunstverein, Münster
Palacio de Cristal, Madrid
Instituto Italiano di Cultura, Madrid
1984
Centre d'Art Contemporain, Gante
Centro d'Arte Contemporanea, Siracusa
Forte di Belvedere, Florencia
1985
Galerie de France, París
Galleria Giorgio Persano, Turín
Hotel de la Region, Toulouse
1986
Kunstnernes Hus, Oslo
Art Gallery of Ontario, Toronto
Stedelijk van Abbemuseum, Eindhoven
Galleria Pieroni, Roma
Centre National d'Art Contemporain, Grenoble
Musée Cantini, Marsella
1987
Galleria Massimo Minini, Brescia
Galleria Numero 5, Capri
Galerie Montevideo, Amberes
1988
Grazer Kunstverein, Graz
Galleria Lia Rumma, Nápoles
The Institute for Contemporary Art, P.S. Museum, Nueva York
Staatliche Kunsthalle, Baden–Baden
1989
Galleria Opera, Perugia
Jay Gorney Gallery, Nueva York
Galleria Giorgio Persano, Milán
Museo di Capodimonte, Nápoles
Galerie Tanit, Munich
Galleria Giorgio Persano, Milán
Galerie Xavier Hufken, Bruselas
Galleria Pieroni, Roma
Kunsthalle Bern, Berna
1990
Wiener Secession, Viena
Galerie Peter Pakesch, Viena
Galerie Tanit, Colonia
Galleria Il Cortile, Roma
Galerie Durand–Dessert, París
Galleria Nazionale d'Arte Moderna, Roma
Galeria Comicos, Lisboa
Centre d'Art Santa Monica, Barcelona
1991
Maureen Paley Interimart, Londres
Atrium, Biella
Galleria Giorgio Persano, Turín
Galería Juana de Aizpuru, Madrid
Camden Arts Centre, Londres
Espace Lulay, Lieja
1992
Museet for Samtidskunst, Oslo
Deichtorhallen, Hamburgo

El **Consorcio para la Organización de Madrid Capital Europea de la Cultura 1992** quiere expresar su reconocimiento a las siguientes entidades colaboradoras:

Patrocinador General

Socio General

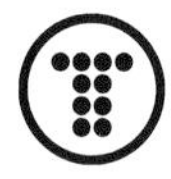

Telefónica de España

Catálogo

Edición
Tabapress, S. A.

Diseño
Andrés Mengs

Coordinación general
Alicia Chillida

Coordinación editorial
Cristina Ortega

Equipo editorial
José Mª Marco, Maruxa Bermejo, Luis Pulgar y Mona Campos

Traducción
Miguel Martínez-Lage
Cristina Ward

Filmación de Textos
D & G

Fotomecánica
Progreso Gráfico, S. A.

Impresión
Artep, S. A.

Encuadernación
Ramos, S. A.

Créditos fotográficos
Paolo Bressano, Turín
Fabien de Cugnac, Bruselas
Jean Pierre Kuhn, Shaffhausen
Paolo Pellion, Turín
Philipp Schönborn, Munich
Jim Strong Inc., Nueva York

ISBN: 84-7952-088-4

D.L.: M-29627-1992

Exposición

Diseño y dirección de Montaje
Michael Tarantino
Andrés Mengs

Departamento de Restauración Museo Nacional Centro de Arte Reina Sofía
Antonio Rocha
Silvia Portela
Estrella Castellanos
Manuela Gómez

Montaje
Gaba 5, S.L.

Transporte internacional
Josy Kraft
Exhibition Logistics Service

Transporte Nacional
TEMA S.A.

Seguros
TAI. Técnica aseguradora integral
Voss & Schild
Calco insurance
Heerkens Thijssen & Caviet